実験心理学のための統計学

心理学のための統計学 2

t検定と分散分析

橋本貴充
荘島宏二郎

誠信書房

シリーズまえがき

◆ラインアップ

「心理学のための統計学」シリーズは，心理学において必要な統計手法を広くカバーするべく用意いたしました。現在のところ，本シリーズは，以下のようなラインアップとなっています。

巻号	タイトル	主な内容
第1巻	心理学のための統計学入門——ココロのデータ分析	記述統計量・相関係数・正規分布・統計的仮説検定・z検定
第2巻	実験心理学のための統計学——t検定と分散分析	t検定・一要因分散分析・二要因分散分析
第3巻	社会心理学のための統計学——心理尺度の構成と分析	因子分析・重回帰分析・階層的重回帰分析・共分散分析・媒介分析
第4巻	教育心理学のための統計学——テストでココロをはかる	信頼性係数・項目反応理論・マルチレベル分析・適性処遇交互作用
第5巻	臨床心理学のための統計学——心理臨床のデータ分析	メタ分析・例数設計・検定力分析・ROC曲線
第6巻	パーソナリティ心理学のための統計学——構造方程式モデリング	確認的因子分析・パス解析・構造方程式モデリング（共分散構造分析）・信頼性・妥当性
第7巻	発達心理学のための統計学——縦断データの分析	縦断データ解析・欠測データ・潜在成長モデル
第8巻	消費者心理学のための統計学——市場調査と新商品開発	クラスター分析・コレスポンデンス分析・ロジスティック回帰分析
第9巻	犯罪心理学のための統計学——犯人のココロをさぐる	多次元尺度法・決定木・ナイーブベイズ・ブートストラップ・数量化理論・生存時間分析・地理空間分析

◆コンセプト

各巻は，個別心理学のストーリーに寄り添いながら，統計手法を勉強するつくりになっています。たとえば，『社会心理学のための統計学』では，「態度」や「対人認知」など社会心理学における重要な概念を学びつつ，統計手法を抱き合わせで解説しています。

効率性を重視したならば，これほどの巻数を必要とせずに少ない巻数で統計学を学習することができるでしょう。しかし，**本シリーズは，個別心理学のストーリーを最優先にして，個別心理学の文脈の中で統計学を学ぶというスタンスをとっています。**心理の学生には，このようなコンセプトのほうが学習効果が高いと願ってのことです。

ただし，各巻は，個別心理学でよく用いられる統計手法を優先的に取り上げていますが，たとえば『社会心理学の統計学』を学べば，社会心理学に必要な統計手法がすべて網羅されているわけではありません。統計手法は，各巻でなるべく重複しないように配置しています。また，巻号が後ろになるほど高度な内容になっています。したがって，意欲的な読者は，自分の専門でない心理学分野で頻用される統計手法についても学習を進めることをお勧めします。

◆読者層

おおむね第1～5巻は学部生を対象に，第6巻以降は大学院生を対象と考えています。

◆構成

各巻は，おおむね7章構成となっており，各章はおよそ授業1コマで教える内容量となっています。つまり，2巻で半期（半年）の分量となっています。

◆伴走サイト

以下に，URLで伴走サイト（accompanying site）を用意しています。ここには，本書で用いたデータ，分析のためのソフトウェアプログラム，授業のパワーポイント教材（教員向け），Quizの解答などが置いてあります。どうぞご自由にお使いください。

http://www.rd.dnc.ac.jp/~shojima/psychometrics/

◆新しい家族へ

本書を脱稿した頃（2016年4月）に第2子を授かりました。男とか女とかそういう既存のカテゴリではなく，美少女というジャンルで生まれてきた佑架。生まれてきてくれてありがとう！

◆最後に

本シリーズが皆さまの学習を促進し，よりよい成果を導くことを願っています。また，本シリーズを上梓するうえで，誠信書房の松山由理子様と中澤美穂様に多大なお世話になりました。この場をもちまして厚くお礼申し上げます。

2016年5月

シリーズ編者　荘島 宏二郎

まえがき

◆ 本書の説明

　本書は平均値の差についての本です。実験心理学ではしばしば複数の条件の平均値を比べますが，本書はそのための方法を説明しています。読者対象としては，ついこのあいだまで高校の文系クラスにいて，春に大学に入学してきたばかりの1年生を想定しました。易しい記述を心がけていますが，分析方法のもつ意味にはとことんこだわりました。ですから，大学院入試に向けて心理統計学を平易な教科書で学び直したい高学年の人にも，本書を手に取ってもらえるといいなと思っています。

　「シリーズまえがき」にもありますが，本書は実験心理学に必要な統計手法をすべて網羅しているわけではないものの，実験心理学における重要な概念（たとえば「統制条件」「剰余変数」など）についても説明しました。それぞれの章の前半は，そうした実験心理学で出てくる概念の説明に割いています。実験心理学の授業はこれから履修するという人でも，ついていけるのではないかと思います。

　ただし，各回90分の授業をただ聴くだけでは，ついていくのが難しいでしょう。読者の皆さんが授業を受けるときには，予習・復習を欠かさないでください。本書のデータは，本文も章末Quizも人工的に作ったものですが，実際の実験結果と多少違ってでも計算しやすい値にしてあります。

　平均値を比べる方法については，学部の卒業論文執筆に必要な程度の知識をカバーしたつもりです。しかし，それ以外の基本的な分析（たとえば，グラフ，記述統計，相関関係，比率など）や重回帰分析などについては触れていません。これらも実験心理学でよく使われますので，他の教科書で補ってください。基本的な分析については，本シリーズ第1巻『心理学のための統計学入門』，重回帰分析についてはシリーズ第3巻『社会心理学のための統計学』をお薦めいたします。

◆ 謝辞

　僕は大学で心理学実験実習を教えた経験はあるものの，実験心理学の各分野の細部まで熟知しているわけではないため，執筆にあたり多くの専門家の先生方にご協力いただきました。大学改革支援・学位授与機構の渋井進先生（第1章，第4章），専修大学の大久保街亜先生（第2章），専修大学の澤幸祐先生（第3章），鳥取大学の田中大介先生（第5章），専修大学の石金浩史先生（第6章），名古屋大学の鈴木敦命先生（第7章）の各先生方には，それぞれの章の草稿（特に前半部分）に目を通していただき，貴重なご助言を賜りました。この場を借りて御礼申し上げます。もし本書のなかに誤りが残っていましたら，すべて僕の責任です。

誠信書房の松山由理子様，中澤美穂様には，予定より大幅に遅れてしまいました原稿の到着を辛抱強くお待ちいただき，編集・校正にご尽力くださるとともに，本書をわかりやすいものにするために貴重なご意見をいただきました。遅筆をお詫びいたしますとともに，心より感謝申し上げます。

　僕が第1著者として心理統計学の教科書を執筆する機会はもう少し先になるかなと思っていたところに，本書の話を持ち掛けてくださり，また原稿のいたるところで「さすが荘島さん」と唸らされる，わかりやすい記述をしてくださりました，共著者の荘島宏二郎先生（ふだんはさん付けで呼ばせていただいております）にも御礼申し上げます。荘島さんとの共同制作だからこそ，読者の皆さんに自信をもってお届けできる作品ができたと思っております。

　この分野で僕が本を書けるまでに至ったのは，学生時代に教えを受けてきた先生方のおかげでもあります。東京大学教育学部で渡部洋先生と南風原朝和先生の授業に感銘を受けて心理統計学の道に進み，東京大学大学院総合文化研究科で繁桝算男先生，電気通信大学大学院情報システム学研究科で植野真臣先生に，非常に丁寧なご指導を賜りました。先生方の熱意と魅力にあふれる授業やご指導を，本書で少しでも再現できているといいなと思っております。

　また，小さい頃からずっと僕の好きなことを好きなようにさせてくれた両親祖父母，仕事に専念できるよう手のかかる子どもたちの世話を時間を割いて手伝ってくれた義両親にも，ずいぶん支えられました。最後に，自分自身も多忙ななかで常に僕を支え応援してくれている最愛の妻・奈保子と，愛くるしい笑顔でいつも邪魔し……もとい，癒してくれる2歳の息子・朋宜，そして昨秋元気に生まれてきてくれた娘・奈穂乃に，感謝を込めて本書を捧げたいと思います。

　　2016年5月

第1著者　　橋 本 貴 充

目 次

シリーズまえがき……*iii*
まえがき……*v*

第1章 知覚実験（ミュラー・リヤー錯視） —— 対応のあるt検定　1

1.1　実験の概要……1
　　1.1.1　はじめに　*1*　　1.1.2　方法　*2*　　1.1.3　データの例　*2*
1.2　実験条件と統制条件……3
1.3　母集団と標本 ——「人」とは誰か？……4
　　1.3.1　母平均と標本平均　*5*　　1.3.2　母分散と不偏分散　*5*
　　1.3.3　標本平均の分布　*5*
1.4　対応のあるt検定……6
　　1.4.1　検定統計量　*6*　　1.4.2　信頼区間　*9*　　1.4.3　効果量　*10*
　　1.4.4　レポートの書き方　*11*
1.5　まとめ……12
Quiz……*13*

第2章 記憶実験（記憶の二重貯蔵モデル） —— 対応のないt検定　14

2.1　実験の概要……14
　　2.1.1　はじめに　*14*　　2.1.2　方法　*15*　　2.1.3　データの例　*16*
2.2　独立変数，従属変数，剰余変数……16
　　2.2.1　独立変数と従属変数　*16*　　2.2.2　剰余変数の統制　*16*
2.3　標本平均の差の分布……18
2.4　対応のないt検定……19
　　2.4.1　検定統計量　*19*　　2.4.2　信頼区間　*20*　　2.4.3　効果量　*21*

  2.4.4 レポートの書き方　*22*
2.5 ウェルチの検定……*23*
2.6 まとめ……*24*
Quiz……*25*

第3章　学習実験（学習における結果の知識）
——実験参加者間1要因分散分析　　26

3.1 実験の概要……*26*
  3.1.1 はじめに　*26* 3.1.2 方法　*27* 3.1.3 データの例　*28*
3.2 無作為割り当て……*28*
  3.2.1 無作為割り当ての特長　*28* 3.2.2 無作為割り当ての限界　*29*
3.3 実験参加者間要因と実験参加者内要因……*29*
3.4 実験参加者間1要因の分散分析……*30*
  3.4.1 分散分析　*30* 3.4.2 効果量　*35* 3.4.3 多重比較　*37*
  3.4.4 レポートの書き方　*40*
3.5 まとめ……*41*
Quiz……*42*

第4章　感覚実験（触二点閾）
——実験参加者内1要因分散分析　　43

4.1 実験の概要……*43*
  4.1.1 はじめに　*43* 4.1.2 方法　*44* 4.1.3 データの例　*45*
4.2 心理物理学的測定法……*46*
  4.2.1 何を測るか　*46* 4.2.2 どのように測るか　*46*
4.3 固定効果要因と変量効果要因……*47*
4.4 実験参加者内1要因分散分析……*47*
  4.4.1 分散分析　*48* 4.4.2 効果量　*51* 4.4.3 多重比較　*52*
  4.4.4 レポートの書き方　*54*
4.5 まとめ……*55*
Quiz……*56*

第5章 認知実験（テスト予告が記憶テストに与える影響）—— 実験参加者間2要因分散分析　57

- **5.1** 実験の概要……57
  - 5.1.1 はじめに　57　　5.1.2 方法　58　　5.1.3 データの例　59
- **5.2** 倫理的配慮……60
  - 5.2.1 説明と同意（インフォームド・コンセント）　61　　5.2.2 守秘義務　61
  - 5.2.3 権利・福祉の尊重　61
- **5.3** 交互作用と主効果……62
- **5.4** 実験参加者間2要因分散分析……63
  - 5.4.1 分散分析　63　　5.4.2 効果量　68　　5.4.3 単純主効果の検定　71
  - 5.4.4 単純主効果に関する多重比較　74　　5.4.5 主効果に関する多重比較　75
  - 5.4.6 群ごとの標本サイズが異なる場合　75　　5.4.7 レポートの書き方　76
- **5.5** まとめ……77
- **Quiz**……**79**

第6章 動物実験（脳と空間学習）—— 混合計画2要因分散分析　80

- **6.1** 実験の概要……80
  - 6.1.1 はじめに　80　　6.1.2 方法　81　　6.1.3 データの例　82
- **6.2** 動物実験……82
  - 6.2.1 動物実験の意義　82　　6.2.2 動物への接し方　83
- **6.3** 混合計画……84
- **6.4** 混合計画2要因分散分析……85
  - 6.4.1 分散分析　86　　6.4.2 効果量　91　　6.4.3 単純主効果の検定　93
  - 6.4.4 単純主効果に関する多重比較　95　　6.4.5 主効果に関する多重比較　98
  - 6.4.6 レポートの書き方　99
- **6.5** まとめ……100
- **Quiz**……**101**

第7章 感情実験（悪評はいかに覆しがたいか）—— 実験参加者内2要因分散分析　102

7.1 実験の概要 …… 102
 7.1.1　はじめに　102　　7.1.2　方法　103　　7.1.3　データの例　104
7.2 実験の妥当性 …… 105
 7.2.1　生態学的妥当性　105　　7.2.2　内的妥当性と外的妥当性　106
7.3 実験参加者内2要因分散分析 …… 107
 7.3.1　分散分析　107　　7.3.2　効果量　114　　7.3.3　単純主効果の検定　116
 7.3.4　単純主効果に関する多重比較　117　　7.3.5　主効果に関する多重比較　118
 7.3.6　レポートの書き方　119
7.4 まとめ …… 120
Quiz …… **121**

付　録

1. *t* 分布表（有意水準5％の両側検定の臨界値）…… 124
2. *F* 分布表（有意水準5％の片側検定の臨界値）…… 125
3. スチューデント化範囲分布表（有意水準5％の臨界値）…… 126
4. 各章のQuizの解答 …… 127

索引 …… *129*

第1章 知覚実験（ミュラー・リヤー錯視）――対応のあるt検定

1.1 実験の概要

1.1.1 はじめに

　心理学は人の心についての学問ですが，知覚（perception）は心理学で盛んに研究される対象の一つです。たとえば，図1-1の図形はいずれも，定規で測ると同じ大きさのものが，違う大きさとして知覚されます。人の心は，どのようなときに，どれくらい，なぜ，定規とは違う知覚をしてしまうのでしょう。これらを明らかにするために，心理学ではさまざまな実験が行われてきました。

　たとえば，図1-1①の二つの図形は，水平部分の長さを定規で測ると等しいのに，左の図形は短く，右の図形は長く見えます。この，矢羽根図形を見たときの錯覚をミュラー・リヤー錯視（Müller-Lyer illusion）といいます。グレゴリー（Gregory, 1997）は，ミュラー・リヤー錯視の起こる原因として，外向きの矢羽

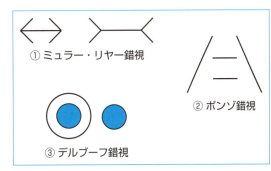

図1-1　さまざまな錯視図形

①ミュラー・リヤー錯視
②ポンゾ錯視
③デルブーフ錯視

質問コーナー

ミュラー・リヤー錯視を考え出したのは，ミュラーさんとリヤーさんですか？

　フランツ・カール・ミュラー＝リヤー（Franz Carl Müller-Lyer, 1857-1916）という，1人のドイツの精神医学者・社会学者が考え出しました。『誠信 心理学辞典』の「人名篇」（サトウ, 2014, p.964）によると，「1881年ストラスブール大学精神医学科助手，生理学的実験心理学を研究する。その後，社会学の研究に変更し，人類の発展段階を構想するなど，唯物論的・社会主義的社会学者の代表者の一人である」とあります。

根が部屋の隅など遠くのものに,内向きの矢羽根が箱や建物の角など手前のものに見えるからという仮説(遠近法説,図1-2)など,さまざまな仮説を挙げています。しかし,そのメカニズムは現在でもまだ解明されていません。

メカニズムはともかく,人の心に知覚される大きさが,定規で測った大きさと違うことは,事実です。この実験では,ミュラー・リヤー錯視の図形で,線分の長さが物理的な長さと本当に異なって見えていることを確かめます。

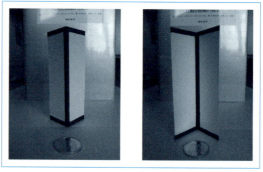

図1-2　ミュラー・リヤー錯視の遠近法説の例

1.1.2　方法

●**材料**●　図1-3のように,パソコンを使って二つの図形を左右に並べて呈示します。呈示の仕方は実験条件と統制条件の2種類とします。

実験条件では,両端に長さ33ピクセル,水平部分との角度が135度の羽根をつけた,水平部分が100ピクセルの線分を左側に呈示します。右側には,長さが50ピクセルの,羽根のない水平な線分を呈示し,その長さを実験参加者が自由に伸縮できるようにします。

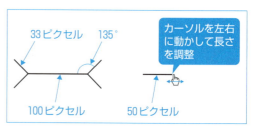

図1-3　この実験で呈示される刺激(実験条件)

統制条件では,水平部分が100ピクセルの,羽根のない線分を左側に呈示します。右側は実験条件と同様です。

●**手続き**●　実験参加者は,左側の図形の水平部分と同じ長さになるように,右側の線分の長さを伸縮させます。このような,同じ量であると主観的に認める点のことを**主観的等価点**(**point of subjective equality:PSE**)といいます。実験条件と統制条件でこの操作を行い,それぞれの条件で主観的等価点を記録します。また,実験条件の主観的等価点から統制条件の主観的等価点を引いた差得点も計算します。

1.1.3　データの例

9人の大学生を対象にこの実験を行い,表1-1のデータを得たとします。1列目は実験参加者ID,2列目は左側の図形に矢羽根がある場合(つまり実験条件)の主観的等価点,3列目は矢羽

根がない場合（つまり統制条件）の主観的等価点，4列目は主観的等価点の差得点です。

実験条件と統制条件

表1-1 各条件の主観的等価点

参加者ID	羽根あり	羽根なし	差得点
阿 部	118	103	15
馬 場	104	99	5
千 葉	109	105	4
土 井	101	102	−1
遠 藤	107	98	9
藤 田	112	100	12
後 藤	105	97	8
林	123	104	19
五十嵐	111	101	10

　この実験では，矢羽根のついた線分がどれくらいの長さに見えるかを，右に呈示した線分の長さで測ります。しかし，人によっては，図形が左に呈示されているだけで長く見えてしまうかもしれません。そこで比較のために，普通の線分がどれくらいの長さに見えるかについても同様の方法で測ります。このような比較のための測定条件を，**統制条件（control condition）**といいます。これに対し，実験で知りたいことを操作した測定条件を，**実験条件（experimental condition）**といいます。

　統制条件では，操作したこと以外のすべてが実験条件と同じである必要があります。たとえば，右側の線分の最初の長さについて，実験条件では短い線分を伸ばすところから始め，統制条件では長い線分を縮めるところから始めると，実験条件と統制条件で長さが異なっても，その原因は矢羽根がついているからなのか，それとも最初の長さが異なるからなのか，わからなくなってしまいます。実験で操作したこと以外のすべてが等しければ，条件間の値の違いの原因は実験操作であるということができます（図1-4）。多くの実験室実験が暗く静かな実験室で

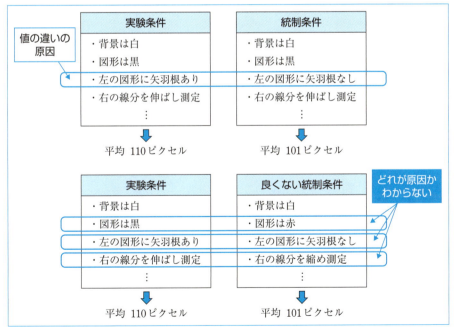

図1-4　実験条件と統制条件

行われるのは，部屋の明るさや雑音が実験条件と統制条件で同じになるようにするためです。

本章の分析は，実験条件と統制条件の差があるのかないのかを調べることを，目的としています。

1.3 母集団と標本 ——「人」とは誰か？

ミュラー・リヤー錯視実験によって，外向きの矢羽根のついた線分が，人には長く見えることを示したいと思います。では，この場合の「人」とは誰でしょうか。

あなたがこの実験で想定している「人」の範囲全体を，**母集団（population）**といいます。たとえば，この実験の結果を，日本人全体の結果としたいならば，日本人が母集団です。あなたが通う大学の学生を想定するならば，その大学の学生が母集団です。また，実験参加者の集団は，母集団から抽出された**標本（sample）**といいます。

実験参加者一人ひとりの値は異なりますが，どんな値になりやすいかは，母集団が同じならば同じ規則に従っていると仮定します。本書では，**正規分布（normal distribution）**という規則を仮定します。正規分布には，**母平均（population mean）**と**母分散（population variance）**という二つの母数（特徴）があります。正規分布という規則に従うならば，母平均に近い値になりやすく（図1-5），どの程度幅広い値になりやすいかは，母分散によって決まります（図1-6）。

ふつう，一人ひとりの実験参加者を，同じ母集団から互いに無関係にランダムに抽出します

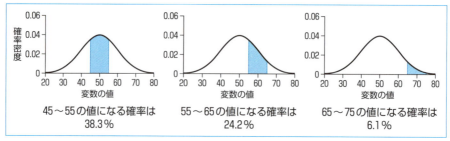

図1-5　母平均が50，母分散が100である正規分布

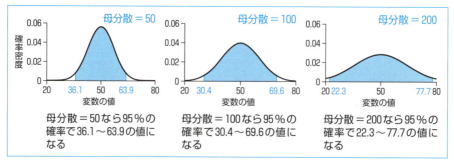

図1-6　母平均が50でさまざまな母分散の正規分布

(無作為抽出，本シリーズ第1巻5章3節を参照)。このことを前提として，これから先の説明を進めます。

1.3.1 母平均と標本平均

標本（ここでは実験参加者）の平均を，**標本平均（sample mean）**といいます。ふつう，標本平均の値は母平均に近い値になりやすく，しかも標本サイズ（ここでは実験参加者数）が大きいほど，母平均から離れた値になりにくい性質があります。したがって，標本平均の値を，しばしば母平均の推定値に使います。

1.3.2 母分散と不偏分散

母分散は**不偏分散（unbiased estimate of variance**，第1巻5章7節を参照）で推定します。不偏分散の値も，母分散に近い値になりやすいという性質があります。不偏分散の計算式は以下のとおりです。

$$\text{不偏分散} = \frac{(X_1 - \text{標本平均})^2 + (X_2 - \text{標本平均})^2 + \cdots + (X_n - \text{標本平均})^2}{\underbrace{\text{標本サイズ} - 1}_{\text{自由度}}}$$

不偏分散の分母は標本サイズより1つ少ないですが，この分母のことを，不偏分散の**自由度（degrees of freedom）**といいます。上記の式に当てはめると，表1-1の差得点の不偏分散の値は次のようになります。

$$\frac{(15-9.0)^2+(5-9.0)^2+(4-9.0)^2+(-1-9.0)^2+(9-9.0)^2+(12-9.0)^2+(8-9.0)^2+(19-9.0)^2+(10-9.0)^2}{9-1} = 36.0$$

1.3.3 標本平均の分布

ふつう，各データが正規分布に従うならば，各データから計算した標本平均も正規分布に従います（第1巻5章6節「標準誤差」を参照）。標本平均が従う正規分布の母平均は，各データが従う正規分布の母平均と同じです。母分散は，各データが従う正規分布の母分散を，標本サイズで割ったものになります（図1-7）。標本サイズが大きいほど，標本平均の母分散は小さくなるため，標本サイズが大きいほど，標本平均は母平均から離れた値になりにくくなります。簡単にいえば，普通の前提でデータを多くとればとるほど，標本平均は母平均の推定値としての信用が増すということです。標本平均の母分散は，そのものよりも，その平方根を用いるこ

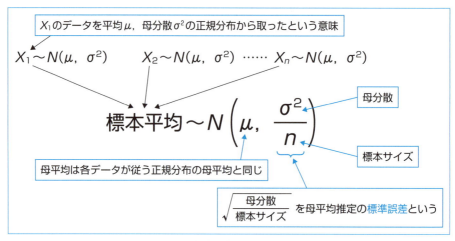

図1-7 標本平均の従う正規分布

とがほとんどです。この平方根を，母平均推定の標準誤差（standard error）といいます。

1.4 対応のあるt検定

矢羽根がついているとき（実験条件）と，いないとき（統制条件）で，線分の長さの主観的等価点が異なることを示すためには，主観的等価点の差得点を求め，その母平均が0でないこと（つまり，実験条件と統制条件で差があること）を示します。2条件の差得点の母平均が0でないことを示すためには，対応のあるt検定（paired t test）を用います。

1.4.1 検定統計量

実際に知りたいのは母平均の値が0であるかどうかなのですが，母平均の正確な値を知ることはできません。母集団全体に実験をしなくてはいけないからです。対応のあるt検定では，標本平均が母平均に近い値になりやすい性質を利用し，標本平均が0に近い値になっているかどうかを見ることで，母平均が0であるといえるかどうかを検討します。

まず，母平均の値が0であるという仮説を立てます。もし母平均の値が仮説どおり0ならば，標本平均は，母平均の値である0に近い値になっているはずです。ここで，第1巻4章で説明した，標準化（standardization）という作業を思い出してください。データが平均値からどの程度離れているかを調べるために，データから平均値を引いて標準偏差で割る，という作業です。対応のあるt検定でも，標本平均が，仮説として設定した母平均の値（つまり0）からどの程度離れているかを調べるために，標本平均から仮説の母平均の値を引いて，標準誤差[*1]で割ります。標準誤差を求めるためには母分散が必要ですが，母分散は未知なので不偏分散で置き換

[*1] 標準偏差ではありません。今は，各データが従う正規分布ではなく，標本平均が従う正規分布を問題にしています。

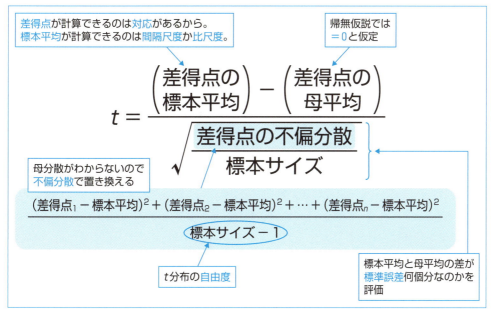

図1-8 対応のあるt検定の検定統計量

えます。このような置き換えを行うと，図1-8のtがどのような値になりやすいかは，母平均の値が正しいならば，**t分布（t distribution）** という規則（図1-9）に従います。

このようにして求めた図1-8のtが，仮説の想定する範囲の値かどうか調べます。もし，仮説どおり母平均の値が0ならば，このtがどんな値になりやすいかは，自由度が（標本サイズ－1）のt分布に従うはずです。そこで，t分布のもとで95％の確率でとりうる範囲の値ならば，母平均の値が0であるという仮説を**保持（retain）** し，そうでなければ仮説を**棄却（reject）** します。

表1-1のデータは，標本平均が9.0，不偏分散が36.0，標本サイズが9なので，図1-8のtの値は以下のとおりです。

$$t = \frac{9.0 - 0}{\sqrt{\dfrac{36.0}{9}}} = 4.5$$

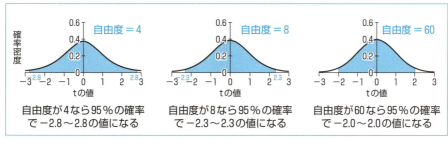

図1-9 さまざまな自由度のt分布

図1-9で自由度が9−1＝8のt分布を参照すると，母平均の値が0であるという仮説が正しければ，このtは95％の確率で−2.3から＋2.3までの値になるはずです。4.5はこの範囲の値ではないので，母平均の値が0であるという仮説を棄却します。

　以上の手続きで，「差得点の母平均の値は0である」というような母平均の値を定めた仮説を，帰無仮説（null hypothesis）といいます。そして，図1-8のtのような，帰無仮説を保持するか棄却するかを決める変数を検定統計量（test statistics）といいます。t検定における検定統計量はt統計量で，t統計量の値をt値といいます。今回のt値は4.5でした。

　帰無仮説が正しければ検定統計量が高い確率でなりうる値の範囲を受容域（acceptance region），ほとんどありえない値の範囲を棄却域（rejection region）といいます（図1-10）。この例の場合，受容域は「−2.3≦t≦2.3」，棄却域は「t＜−2.3または2.3＜t」です。このように，棄却域を大小両側に設ける仮説検定を両側検定（two-sided test）といいます。これに対し，大きなほうにしか棄却域を設けない仮説検定[*2]を片側検定（one-sided test）といいます。

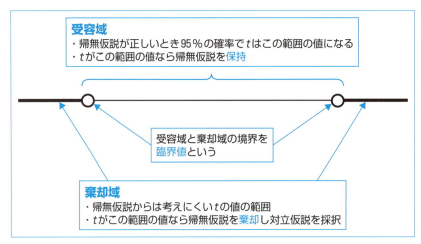

図1-10　受容域と棄却域

　この例では，受容域を「tが95％の確率でなりうる範囲」としました。裏を返せばこれは，帰無仮説が正しいときにtが棄却域の値になる確率は5％ということです。この，帰無仮説が正しいときに検定統計量が棄却域の値になる確率を，有意水準（significance level）といいます。有意水準は棄却域の大きさを決める値で，5％にすることが多いです。

　検定統計量の値が受容域にあるか棄却域にあるかは通常，統計分析ソフトウェアが出力するp値（p-value）を参照します。p値が有意水準（この場合は％ではなく0から1までの値で表現します）より小さければ，検定統計量の値は棄却域にあります。コンピュータを使って表1-1のデータでp値を計算すると，0.002になります。有意水準の0.05より小さいので，t値は有意水準が5％の場合の棄却域にあります。

＊2　たとえば第1巻7章6節の連関係数の検定（pp.108-110）では，「χ^2＞7.815」という棄却域で，χ^2値が大きくなるほうだけに棄却域を設けています。

1.4.2 信頼区間

前項では,表1-1の差得点の母平均が0でないことを,対応のあるt検定によって示しました。では,差得点の母平均の値はいくつなのでしょう。

これを知るために,0以外の母平均を帰無仮説として,仮説検定を行ってみましょう。表1-1のデータの場合,たとえば差得点の母平均の値が5.0であるという帰無仮説で,図1-8のtの値を計算すると2.0になります。これは,受容域である$-2.3 \leq t \leq 2.3$の範囲内の値なので,母平均の値が5.0であるという帰無仮説は保持されます(図1-11 ①)。同様に,母平均の値が10.0であるという帰無仮説も,tの値が-0.5で受容域内なので保持[*3]されます(図1-11 ②)。母平均の値が15.0であるという帰無仮説にすると,こんどは母平均の値が大きすぎ(母平均の値にしては標本平均が小さすぎ)てtの値が-3.0になり,帰無仮説は棄却されてしまいます(図1-11 ③)。

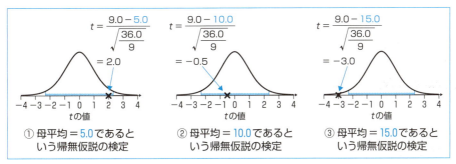

図1-11 さまざまな母平均を帰無仮説としたときの検定

これらをまとめると図1-12のようになります。図1-12より,母平均の値が4.4以上13.6以下ならばtの値は受容域のものとなり,帰無仮説が保持されます。このような帰無仮説が保持される母平均の値の区間のことを,**信頼区間(confidence interval)**といいます。信頼区間の幅は,仮説検定の有意水準と関係があります。有意水準が5%ならば,帰無仮説が正しいときに検定統計量が受容域の値になる確率は95%ですが,この95%のことを信頼区間の**信頼水準(confidence level)**といいます。

信頼区間の上限と下限の値は,以下のようにして求めます。

自由度が8のt分布で,有意水準を5%として仮説検定を行う場合,受容域は$-2.3 \leq t \leq 2.3$です。表1-1のデータで図1-8のtの値を計算したとき,tの値が受容域の上限の2.3となるような母平均の値は,図1-12内にある方程式を解きます。

[*3] このように,帰無仮説が保持される母平均の値は複数あります。ある母平均の値で検定統計量が受容域の値になったからといって,母平均がその値であると積極的にいう(つまり,帰無仮説を「採択」する)ことはできません。

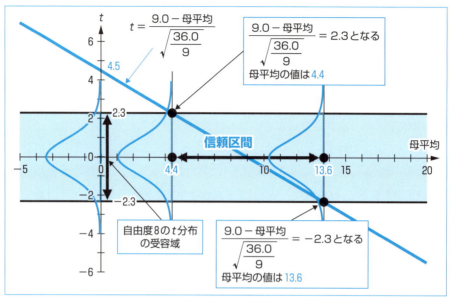

図1-12　信頼区間

$$\frac{9.0 - 母平均}{\sqrt{\frac{36.0}{9}}} = 2.3$$

求めた解は4.4になります。

同様に，受容域の下限の−2.3となるような母平均の値も，以下の方程式を解きます。

$$\frac{9.0 - 母平均}{\sqrt{\frac{36.0}{9}}} = -2.3$$

求めた解は13.6です。したがって，差得点の母平均の信頼水準95％の信頼区間は4.4≦母平均≦13.6となります。

1.4.3　効果量

この実験では，矢羽根がある場合とない場合で，主観的等価点に9.0という平均値差がありました。この9.0というのは，どれくらいの大きさの差といえるのでしょうか。とても大きな差なのでしょうか。それとも，あるにはあるけれどほんの小さな差なのでしょうか。仮説検定や信頼区間では，その差が「大きい」のか「小さい」のかまでは評価してくれません。

差の有無や関係の有無を仮説検定によって確かめるとき，差の大きさや関係の強さを示す**効果量（effect size）**も報告します。対応のあるt検定ではふつう，効果量として**標準化平均値差（standardized mean difference）**を用います[*4]。標準化平均値差とは，差得点の大きさが標準偏差の何倍であるかを示すものです。ただし，母平均も母分散もその値を知ることはできないので，標本平均と不偏分散でそれぞれ置き換えます（図1-13）。表1-1のデータは，標本平均が9.0，不偏分散が36.0なので，標本標準化平均値差の値は次のとおりです。

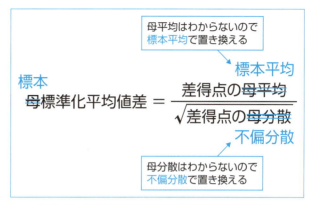

図1-13　対応のある2変数の平均値差の標本効果量

$$標本標準化平均値差 = \frac{9.0}{\sqrt{36.0}} = 1.5$$

標準化平均値差は，0.2くらいのとき小さい効果量，0.5くらいのとき中程度の効果量，0.8くらいのとき大きい効果量という目安があります。今回は，1.5だったので効果量は大きいといえます。

母平均について信頼区間を求めたのと同じように，母標準化平均値差についても信頼区間を求めることができます。でも難しいので本書では扱いません。詳しく知りたい人は，南風原（2014, pp.74-75）を参照してください。

1.4.4　レポートの書き方

対応のあるt検定の結果を報告するときには，図1-14のように，検定統計量の種類と自由度，検定統計量の値，p値，標本効果量の値が必要です。対応のあるt検定の標本標準化平均値差はd_Dという記号で表します。信頼区間は角かっこ（[　]）を使って表します。

p値の小数点以下があまりにも小さいと

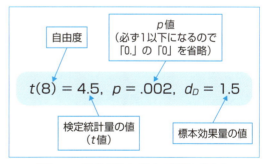

図1-14　対応のあるt検定の結果の書き方

[*4]　対応のある2変数の平均値差の効果量には，別の考え方もあります。詳しくは大久保・岡田（2012, pp.64-68）を参照してください。

き，ソフトウェアで $p = 0.0000$ などと出力されていることがあります。こういうときでも p 値は完全に 0 ではありません（ゼロが続いた後に，いつか数値が出てきます）。こういうときは，$p < .01$ のように略記します。

今回の結果（レポート）の書き方は，たとえば次のようになります（p 値以外は小数第 2 位を四捨五入しました）。

> **対応のある t 検定の結果の書き方**
>
> 実験条件の主観的等価点は統制条件より平均 9.0 ピクセル長く，条件間の差の母平均の 95％信頼区間は［4.4, 13.6］であった。対応のある t 検定を行ったところ，この平均値差は 5％水準で有意であった，$t(8) = 4.5$, $p = .002$, $d_D = 1.5$。

したがって，今回の実験例では，矢羽根がつくことによって，線分を長く見積もる錯視が起こっていると結論してよいでしょう。

1.5 まとめ

第 1 章ではミュラー・リヤーの錯視を勉強しました。しかし，改めて図 1-1 ① の錯視図を見て，錯視があるとわかっていても感覚で修正することは難しいです。錯視については，まだ多くのことが解明の途上にあります。一説には，私たちが生きていくうえで必要な知覚の修正を，大脳が自動的にやっているともいわれています。

【文献】

Gregory, R. L.（1997）. *Eye and brain*. 5th ed. Princeton University Press.（近藤倫明・三浦佳世・中溝幸夫訳〈2001〉．脳と視覚——グレゴリーの視覚心理学　ブレーン出版）

南風原朝和（2014）．心理統計学の基礎〔続〕．有斐閣

大久保街亜・岡田謙介（2012）．伝えるための心理統計——効果量・信頼区間・検定力．勁草書房

サトウタツヤ（2014）．人名篇．下山晴彦編集代表　誠信心理学辞典［新版］．誠信書房　pp.875-981.

4人の大学生に対し，以下のような実験を行いました。統制条件では，赤，黄，緑，または青の四角形を，縦に8個，横に12個の計96個を無作為に並べた紙を呈示しました。そのうえで，四角形の色をできるだけ速く正確に言ってもらいました。実験条件では，「赤」「黄」「緑」「青」という漢字を，その字の意味するものと異なる色で書いたもの（たとえば，黄色で書かれた「赤」など）を，統制条件と同様に縦に8個，横に12個の計96個，無作為に並べた紙を呈示しました。そのうえで，漢字の書かれている色をできるだけ速く正確に言ってもらいました。要した時間は表のようになりました。1列目は実験参加者ID，2列目は統制条件で96個の四角形の色を言うのにかかった時間（単位：秒），3列目は実験条件で96個の漢字の色を言うのにかかった時間（単位：秒）です。このデータについて，以下の設問に答えてください。

表：各条件で96個の色を言うのにかかった時間（単位：秒）

参加者ID	四角形	漢字	差
阿 部	60	90	
馬 場	50	120	
千 葉	60	90	
土 井	70	100	

問1：表の4列目に，実験条件（漢字の色を言う）でかかった時間から，統制条件（四角形の色を言う）でかかった時間を引いた，差得点を記入してください。

問2：差得点の母平均が0であるかどうか，対応のあるt検定を行います。このとき用いるt分布の自由度は何ですか。また，t値は何ですか。「$t(自由度)=t値$」のかたちで答えてください。t値は小数第2位を四捨五入して小数第1位までで答えてください。

問3：問2で求めた自由度のt分布に従う変数は，95％の確率で−3.18〜3.18までの値になります。このことを利用して，差得点の母平均の信頼水準95％信頼区間の，下限と上限を求めてください。それぞれの値は，小数第2位を四捨五入して小数第1位までで答えてください。

問4：差得点の標本標準化平均値差の値は何ですか。小数第2位を四捨五入して小数第1位までで答えてください。

第2章 記憶実験（記憶の二重貯蔵モデル）——対応のないt検定

2.1 実験の概要

2.1.1 はじめに

　自分が小さかった頃の思い出を語れる人が多いことからわかるように，**記憶（memory）**は人間の最も幼い頃からの心の働きの一つです。また，試験勉強で単語を覚えたり，恋人の誕生日を忘れてはならなかったりなど，記憶は私たちを悩ます問題の一つでもあります。

　心理学では記憶をどのようなものとして研究してきたでしょうか。記憶の過程は通常，覚えること（**記銘：memorization**），覚えていること（**保持：retention**），思い出すこと（**想起：remembering**）の3段階があると考えられています。これらの働きは，見えたものや聞こえたものなどを頭の中に入れられる形に**符号化（encoding）**し，符号化したものを頭の中に**貯蔵（storage）**し，貯蔵された情報を頭の中から**検索（retrieval）**することです。この「頭の中」について，古典的なモデルに**記憶の二重貯蔵モデル（two-store memory model）**があります。このモデルでは，数個の情報を一時的に貯蔵する**短期記憶（short-term memory）**と，ほぼ無限の情報を半永久的に貯蔵する**長期記憶（long-term memory）**があると考えます（図2-1）。

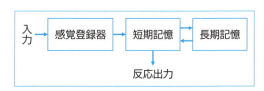

図2-1　記憶の二重貯蔵モデル
（Atkinson & Shiffrin, 1971を著者一部改変）

　短期記憶に貯蔵された情報は，長期記憶に転送されなければ，短時間のうちに消えてしまいます。短期記憶の情報を短期記憶に繰り返し送り続ける（これを**リハーサル〈rehearsal〉**といいます）と，短期記憶の中に存在し続けたり，長期記憶に転送されたりします。

　第2章では，符号化の後にリハーサルを行えない状態で一定時間が経過すると，その直前に覚えたことを忘れてしまうことを示し，短期記憶の存在を明らかにします。

2.1.2 方法

●**材料**● 大文字2字のアルファベットを15語，使用します。これらは，秋田（1965）の，「アルファベット二文字音節の有意味度分類表」より，**有意味度（meaningfulness）**が51～70の単語の中から，A, E, I, O, Uで始まり子音で終わる単語を，3つずつ選んだものです。有意味度とは，その単語から連想される他の単語の多さを指標化したものです。たとえば，AXという単語の有意味度は51です。一方，UVという単語の有意味度は70です。UVという言葉は，AXという言葉より多く他の単語を連想させます。記憶の実験で使う刺激の特性には，有意味度のほかにもさまざまなものがあります（表2-1）。

表2-1 記憶実験における単語刺激の主な指標（清水，2012, p.59より一部抜粋）

指　標	内　容
連想価	無意味綴りなどに対して何らかの連想反応が生起した実験参加者の割合
有意味度	ある項目に対して実験参加者が一定時間内に反応した連想語の数
出現頻度	ある国語において単語や音節がどの程度頻繁に現れるかの割合
熟知度	ある項目に対してどの程度頻繁に経験したかに関する評定値
学習容易性	ある刺激を学習するときのやさしさに関する評定値
心像性	ある単語がどの程度強くイメージを喚起するかに関する評定値

すべての実験参加者に同じ15語を呈示しますが，呈示順序は実験参加者ごとにランダムに変えるものとします。

●**手続き**● 実験参加者をランダムに2群に分け，一方を直後再生群（**統制群：control group**），他方を遅延再生群（**実験群：experimental group**）とします。第1章で，統制条件と実験条件という用語が出てきました。統制条件に割り当てる実験参加者たちを統制群といいます。また，実験条件に割り当てる実験参加者たちを実験群といいます。どちらの群の実験参加者に対しても，15個の単語を1つについて3秒間ずつ呈示します。1つの単語を3秒間呈示した後，次の単語を呈示するまでに1秒の間隔を空けます（図2-2）。

15個の単語をすべて呈示した後，直後再生群の実験参加者には，覚えている単語を，思い出したものから順にすべて書き出してもらいます。

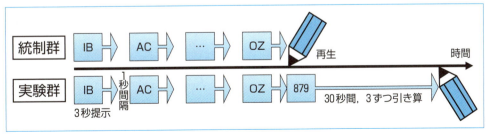

図2-2 刺激呈示の流れ

遅延再生群の実験参加者には，すべての単語を呈示した後，画面にランダムな3桁の数字を呈示します。そして，リハーサルしないように，そこから3ずつ引き算をした結果を口頭で答えることを，30秒間続けてもらいます。その後，直後再生群の実験参加者と同様に，覚えている単語を，思い出したものから順にすべて書き出してもらいます。

11番目から15番目に呈示した5個の単語のうち，いくつを書き出しているかを，直後再生群と遅延再生群の間で比較します。

表2-2 終盤5単語の再生数

参加者ID	性別	タイミング	再生単語数
佐藤	男	遅延	1
鈴木	女	直後	3
高橋	女	直後	5
田中	男	遅延	1
渡辺	男	直後	4
伊藤	男	直後	2
山本	男	遅延	0
中村	男	遅延	2
小林	女	直後	1
加藤	女	遅延	1
吉田	女	遅延	1
山田	女	遅延	2
佐々木	男	直後	1
山口	女	直後	2
斎藤	男	遅延	1
松本	女	遅延	0
井上	男	直後	2

2.1.3 データの例

17人の大学生を対象にこの実験を行い，表2-2のデータを得たとします。1列目は実験参加者ID，2列目は実験参加者の性別，3列目は単語を書き出すタイミング，4列目は11～15番目に呈示した5個の単語のうち，書き出したものの個数です。

2.2 独立変数，従属変数，剰余変数

2.2.1 独立変数と従属変数

この実験では，単語を書き出すタイミングを変えると，終盤に呈示された単語を覚えている数が変わるかどうかを調べています。心理学の多くの研究では，ある変数を変化させたときに別の変数が変化するかどうかを調べます。単語を書き出すタイミングのように，実験で人為的に操作する変数のことを独立変数（independent variable）あるいは要因（factor）といいます。これに対し，覚えている終盤の単語の数のように，独立変数が変化したときに変化するかどうか調べる変数のことを従属変数（dependent variable）といいます。心理学で実験を行うには，何が独立変数（あるいは要因）で，何が従属変数なのかをはっきりさせておくことが必要です。

この実験のように，独立変数が質的変数で，従属変数が量的な変数の場合，「独立変数が変化すると従属変数が変化する」かどうかは，「独立変数の値が異なると従属変数の母平均の値が異なる」かどうかによって調べます。

2.2.2 剰余変数の統制

従属変数を変化させるものは独立変数だけではありません。たとえば，覚えている終盤の単

語の数は，性別によっても変わってくるかもしれません。覚える事柄によっては，記憶力に性差があることが知られています。たとえば，日常のエピソードは，女性のほうがよく覚えています。このような，独立変数以外に従属変数を変化させる変数を，**剰余変数**[*5]（**extraneous variable**）といいます。

剰余変数を放置すると，実験が意味のないものになってしまいます。たとえば，直後再生群は大半が女性で，遅延再生群は大半が男性だったとします。その場合，思い出した単語の数が異なっても，それは書き出すタイミングが異なるからなのか，それとも性別が異なるからなのかがわかりません。このように，従属変数の変化が，独立変数によるものなのか，剰余変数によるものなのかがわからなくなってしまうことを，剰余変数が**交絡**（**confounding**）しているといいます。

剰余変数が交絡しないように統制する方法には，**恒常化**（**holding conditions constant**），**バランス化**（**balancing**），**無作為化**（**randomization**）などがあります（図2-3）。

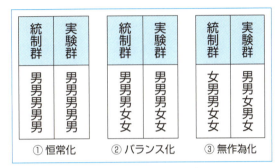

図2-3 剰余変数の統制

● **恒常化** ● 剰余変数の値を全実験参加者で一定にすることです。たとえば，実験参加者を全員男性にしてしまいます。すると，剰余変数が交絡する恐れはなくなりますが，実験結果を限られた条件にしか一般化できなくなります。たとえばこの場合，結果を女性について一般化することができません。

● **バランス化** ● 剰余変数の値が，実験条件間で全体として同じになるようにそろえることです。たとえば男女比を，直後再生群と遅延再生群で等しくします。剰余変数が量的な変数（たとえば年齢など）の場合には，実験条件間で剰余変数の平均値が同じくらいになるようにします。ただし，剰余変数の数が多くなると，すべての剰余変数をバランス化することが難しくなります。

● **無作為化** ● 剰余変数の値がランダムになるようにすることです。たとえば，性別がランダムになるように，実験参加者を直後再生群と遅延再生群にランダムに割り当てます。このような，実験参加者をそれぞれの群にランダムに割り当てることを，特に**無作為割り当て**（**random assignment**）といいます。無作為化すれば，実験条件間で剰余変数の値が異なっても，誤差として統計的に処理できるようになります。

---

*5 剰余変数は**干渉変数**（**interfering variable**），**交絡変数**（**confounding variable**），**二次変数**（**secondary variable**）ともいいます。

ただし，無作為化した結果，剰余変数の値に偏りが生まれ，かえって交絡を招いてしまうことがあります。たとえば，4人ずつの男女計8人をただランダムに2群に分けると，一方の群が4人とも男性，他方の群が4人とも女性になってしまうことも珍しくありません。特に，標本サイズが小さいときには，無作為化せずバランス化したり，あるいはバランス化したうえで無作為化したりします。

2.3 標本平均の差の分布

この実験では，単語を書き出すタイミングが，統制条件となる直後再生群と，実験条件となる遅延再生群に，別々の実験参加者を割り当てています。このように，異なる条件に異なる実験参加者を割り当てる実験計画のことを，**実験参加者間計画（between-participants design）**[*6]といいます。これに対し，第1章の実験では，統制条件となる矢羽根なしの線分の主観的等価点も，実験条件となる矢羽根ありの線分の主観的等価点も，すべての実験参加者で測定しました。このように，実験参加者にすべての条件で参加させる実験計画のことを，**実験参加者内計画（within-participant design）**といいます。

ふつう，実験参加者間計画の場合，実験条件の値と統制条件の値の間に対応関係がないため，第1章のように実験条件と統制条件の差得点を計算することはできません。そこで，差の平均ではなく，平均の差について考えます。

第1章で説明したように，各データが正規分布に従うならば，各データから計算した標本平均も正規分布に従います（図1-7を参照）。実験参加者間計画で2つの群がある場合，その標本

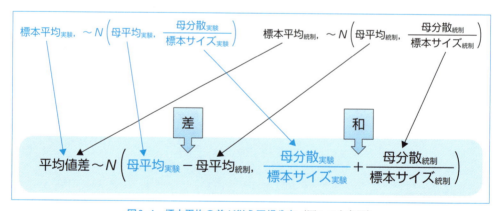

図2-4 標本平均の差が従う正規分布（図1-7も参照）

[*6] 実験参加者（participant）のことを，以前は被験者（subject）といっていました。今は被験者といわず実験参加者といおうという動きが広がっています。しかし，単語の一部になっているときには置き換えるべきではないという意見もあります。たとえばアメリカ心理学会（American Psychological Association）では，実験参加者間計画のことを，慣習に従って**被験者間計画（between-subjects design）**とよぶことにしています。実験参加者内計画も同じように**被験者内計画（within-subject design）**とよぶことにしています（American Psychological Association, 2015）。

平均の差も正規分布に従います（図2-4）。この性質を利用して，母平均に差があるかどうかを調べます。

2.4 対応のない t 検定

単語を呈示した直後に書き出す場合（統制群）と，30秒の計算を行った後に書き出す場合（実験群）で，終盤に呈示した単語を書き出す数が異なることを示すためには，群間の母平均の差が0でないことを示します。2群の母平均の差が0でないことを示すためには，対応のない t 検定（independent t test）を用います。

2.4.1 検定統計量

対応のない t 検定では，図2-5の t を検定統計量として用います。この t は，標本平均の差が図2-4の正規分布に従う性質を利用して計算しています。

対応のない t 検定では，実験群と統制群で母分散が等しいことを前提としています。その前提に従うと，実験群と統制群で，母分散の推定値である不偏分散が異なるのは不自然です。そこで，各群の母分散の部分は，共通の推定値（図2-5の「不偏分散併合」）に置き換えます。すると，分配法則を使って不偏分散併合をカッコの外に出すことができます（図2-5の①）。

不偏分散併合は，2つの不偏分散をそれぞれの自由度で重みづけ平均します（図2-5の②）。

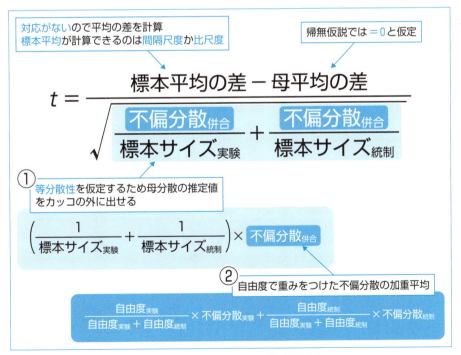

図2-5 対応のない t 検定の検定統計量

このようにして計算した図2-5のtは，もし母平均の差が帰無仮説どおりの値ならば，自由度が（自由度$_{実験}$＋自由度$_{統制}$）のt分布に従うはずです。そこで，自由度が（自由度$_{実験}$＋自由度$_{統制}$）のt分布に従う変数が95％の確率でなりうる範囲を受容域，その外側の範囲を棄却域とします。

表2-2のデータでは，実験群の標本サイズが9，標本平均が1.0，不偏分散が0.5，自由度が8で，統制群はそれぞれ8，2.5，2.0，7なので，図2-5のtの値は次のとおりです。

$$t = \frac{(1.0 - 2.5) - 0}{\sqrt{\left(\frac{1}{9} + \frac{1}{8}\right) \times \left(\frac{8}{8+7} \times 0.5 + \frac{7}{8+7} \times 2.0\right)}} = -2.818$$

自由度が$8+7=15$のt分布を参照すると，母平均の差の値が0であるという帰無仮説が正しければ，このtは95％の確率で-2.131から$+2.131$までの値になるはずです（両側検定の場合）。-2.818はこの範囲の値ではないので，母平均の差の値が0であるという仮説を棄却します。コンピュータを使ってp値を計算すると0.013になります。有意水準の0.05より小さいので，t値は有意水準が5％の場合の棄却域にあります。

2.4.2 信頼区間

前項では，母平均の差が0でないことを，対応のないt検定によって示しました。母平均の差の値の信頼水準95％の信頼区間は，図2-6より，次のようになります。

自由度が15のt分布で，有意水準を5％として仮説検定を行う場合，受容域は$-2.131 \leq t \leq$

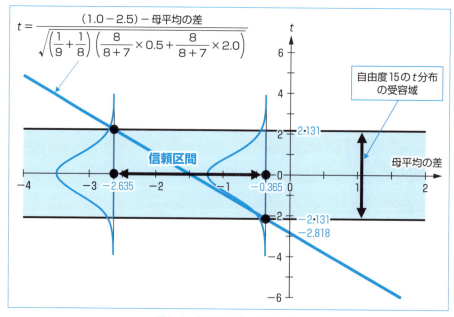

図2-6　母平均の差の信頼区間

2.131です。表2-2のデータで図2-5のtの値を計算したとき、tの値が受容域の上限の2.131となるような「母平均の差」の値は、以下の方程式で求めます。

$$\frac{(1.0-2.5)-母平均の差}{\sqrt{\left(\frac{1}{9}+\frac{1}{8}\right)\times\left(\frac{8}{8+7}\times 0.5+\frac{7}{8+7}\times 2.0\right)}}=2.131$$

解いた答えは-2.635です。同様に、受容域の下限の-2.131となるような「母平均の差」の値も、以下の方程式で求めます。

$$\frac{(1.0-2.5)-母平均の差}{\sqrt{\left(\frac{1}{9}+\frac{1}{8}\right)\times\left(\frac{8}{8+7}\times 0.5+\frac{7}{8+7}\times 2.0\right)}}=-2.131$$

解いた答えは-0.365です。したがって、表2-2のデータから求めた母平均の差の信頼水準95%の信頼区間は、$-2.635\leqq$母平均の差$\leqq-0.365$です。

2.4.3 効果量

第1章で対応のあるt検定を行ったとき、差得点の標本平均が不偏分散の平方根の何倍であるかを、効果量として報告しました。対応のないt検定でも、標本平均の差が不偏分散の平方根の何倍であるかを示す効果量があります。特に、標本平均の差を、図2-5の「不偏分散併合」の平方根で割った標本効果量（図2-7）を、**標本標準化平均値差**（第1章の1.4.3を参照）といいます。

表2-2のデータから標本標準化平均値差を計算すると、以下のようになります。

まず、実験群の不偏分散が0.5、統制群の不偏分散が2.0で、それぞれの不偏分散の自由度は

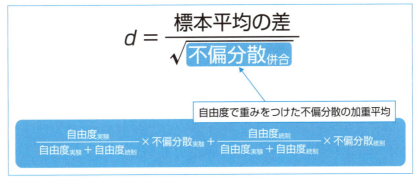

図2-7 標本標準化平均値差

8と7ですから,「不偏分散併合」の値は以下のとおりです。

$$\frac{8}{8+7} \times 0.5 + \frac{7}{8+7} \times 2.0 = 1.2$$

したがって,標本標準化平均値差の値は以下のとおりです。

$$\frac{1.0 - 2.5}{\sqrt{1.2}} = -1.369$$

対応のないt検定でも,標本標準化平均値差の大きさの目安は,絶対値の大きさが0.2くらいのときは小さい効果量,0.5くらいのときは中程度の効果量,0.8くらいのときは大きい効果量というものです。今回は絶対値の大きさが1.369だったので,効果量は大きいといえます。

2.4.4　レポートの書き方

対応のないt検定の結果を報告するときには,図2-8のように,検定統計量の種類と自由度,検定統計量の値,p値,標本効果量の値が必要です。たとえば,次のように報告します（小数第4位を四捨五入しました）。

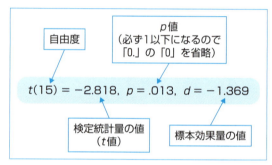

図2-8　対応のないt検定の結果の書き方

> **対応のないt検定の結果の書き方**
>
> 　呈示した15語のうち終盤の5語を再生した数の平均値は,遅延再生群が1.0語,直後再生群が2.5語であった。群間の母平均の差の95％信頼区間は［−2.634, −0.365］であった。平均値に統計的に有意な差があるかを調べるために,対応のないt検定を行ったところ,この平均値差は5％水準で有意であった。$t(15) = -2.818$, $p = .013$, $d = -1.369$。

　対応のないt検定により,単語を呈示した後に計算課題を行わせると,終盤に呈示した単語の再生数が有意に少なくなることが示せました。したがって,人間には,覚えたものを短時間だけ保持できる,短期記憶が存在すると考えることができます。

2.5 ウェルチの検定

対応のないt検定では，両方の群の母分散が等しいことを仮定していました。この母分散が等しいことを仮定できないときには，**ウェルチの検定（Welch test）**を用います。

ウェルチの検定の検定統計量は図2-9のtです。両方の群の母分散が等しいと仮定しないため，それぞれの群の不偏分散で母分散を置き換えます。たとえば表2-2のデータの場合，実験群の標本サイズ，標本平均，不偏分散，その自由度がそれぞれ9，1.0，0.5，8で，統制群はそれぞれ8，2.5，2.0，7なので，図2-9のtの値は次のとおりです。

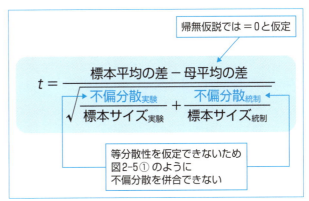

図2-9　ウェルチの検定の検定統計量

$$t = \frac{(1.0 - 2.5) - 0}{\sqrt{\frac{0.5}{9} + \frac{2.0}{8}}} = -2.714$$

ウェルチの検定の自由度は，図2-10のとおりです。たとえば表2-2のデータの場合，自由度は以下のように，10.024となります。

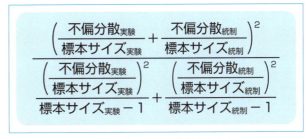

図2-10　ウェルチの検定の自由度

質問コーナー

母分散が等しいことを仮定できるかどうか，どうしたら確かめられますか？

等分散性の検定という方法があります。しかし，母分散が等しいという仮定がそもそも非現実的であるとして，はじめからウェルチの検定を用いることも多くなってきています。

$$\frac{\left(\dfrac{0.5}{9}+\dfrac{2.0}{8}\right)^2}{\dfrac{\left(\dfrac{0.5}{9}\right)^2}{9-1}+\dfrac{\left(\dfrac{2.0}{8}\right)^2}{8-1}} = 10.024$$

ウェルチの検定の自由度は整数にならないことが多いです。したがって，検定結果の記し方も図2-11のように，tの括弧の中に小数点以下の値まで書き込みます。

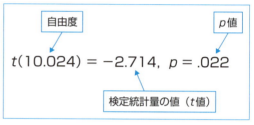

図2-11　ウェルチの検定の結果の書き方

2.6　まとめ

この実験では，覚えるべきものを呈示した後で計算課題によってリハーサルを妨げると，呈示したなかで，終盤の単語を再生できなくなってしまうことを示しました。じつは，直後再生条件で，単語を呈示した順番ごとに再生率を計算し，折れ線グラフ（これを**系列位置曲線〈serial position curve〉**といいます）にすると，終盤だけでなく序盤の単語も再生率が高いことがわかります。序盤の単語の再生率が高いことを**初頭効果（primacy effect）**といい，終盤の単語の再生率が高いことを**新近性効果（recency effect）**といいます。初頭効果はすでに長期記憶に送られた情報，新近性効果はまだ短期記憶に残っている情報といわれています。

記憶の二重貯蔵モデルは古典的なモデルで，これを改良したモデルも発表されています。記憶は19世紀末から100年以上研究されている分野ですが，私たちが記憶について悩んでいる限り，これからも多くのことが明らかにされてくると考えられます。

【文献】

秋田清（1965）．アルファベット二文字音節の無連想価と有意味度．人文學（同志社大学），**74**，183-208.

American Psychological Association (2015). What is the difference between the words subjects and participants? Retrieved from http://www.apastyle.org/learn/faqs/subjects-and-participants.aspx（2015年12月5日閲覧）

Atkinson, R. C. & Shiffrin, R. M. (1971). The control of short-term memory. *Scientific American*, **225**, 82-90.（船津孝行訳〈1971〉．記憶をコントロールする機構．サイエンス，11月号，68-77）

清水寛之（2012）．記憶．大山正監修・箱田裕司編著　心理学研究法2　認知．誠信書房　pp.47-96.

理解できたか
チェック
してみよう！

16人の大学生を無作為に2群に分け，以下のような実験を行いました。清音の片仮名2文字からなる単語を8つ順次呈示し，覚えてもらいました。8つの単語を呈示し終えるまでを1試行とし，それぞれの試行で呈示する単語の順番は変えませんでした。覚えたかどうかは，呈示されている単語の次に呈示される単語を当てられるかどうかで測り，8つの単語をすべて当てられるようになるまで，試行を繰り返しました。呈示する単語のリストは，有意味度（表2-1）の高い単語だけからなるものと，有意味度の低い単語だけからなるものの2種類を用意しました。大学生を分けた2群のうち，一方（高有意味度群）には有意味度の高い単語のリストを呈示し，他方（低有意味度群）には有意味度の低い単語のリストを呈示しました。リストのすべての単語を覚えるまでに要した試行数は右表のようになりました。高有意味度群と低有意味度群の試行数の平均値はそれぞれ4.0および9.0で，不偏分散はそれぞれ2.0および6.0でした。このデータについて，以下の設問に答えてください。

表：リストの単語をすべて覚えるまでにかかった試行数（単位：回）

参加者ID	有意味度	試行数(回)
一戸	高	2
二瓶	高	2
三宅	高	4
四宮	高	4
五島	高	4
六本木	高	5
七条	高	5
八田	高	6
一色	低	5
二村	低	7
三上	低	7
四元	低	9
五月	低	10
六川	低	11
七尾	低	11
八巻	低	12

問1：2つの群の母平均の差が0であるかどうか，対応のないt検定を行います。このとき用いるt分布の自由度は何ですか。また，t値は何ですか。「t(自由度)＝t値」のかたちで答えてください。t値は小数第2位を四捨五入して小数第1位までで答えてください。

問2：標本標準化平均値差の値は何ですか。小数第2位を四捨五入して小数第1位までで答えてください。

第3章 学習実験（学習における結果の知識）── 実験参加者間1要因分散分析

3.1 実験の概要

3.1.1 はじめに

大学に入るまでに，そして大学に入ってからも多くのことを学ばなければなりませんが，心理学では学習（learning）という言葉をより広い意味で用いています。心理学でいう学習とは，「経験によって生じる，比較的永続的な行動の変化」を意味します（表3-1）。

たとえば，犬にメトロノームを鳴らしながら肉を与えることを繰り返すと，そのうち肉を出さなくてもメトロノームを鳴らすだけで，ひとりでに唾液が出るようになることも学習です。この実験では，メトロノームの音という，犬にとって特に何の反応も示さない刺激と，肉という勝手に唾液が出てくるような刺激を同時に呈示することで，音によって勝手に唾液が出てくる反応が生じました。このような，条件刺激（conditioned stimulus，ここではメトロノーム）と無条件刺激（unconditioned stimulus，肉）を対にして呈示すると，無条件刺激によって無条件反応（unconditioned response，唾液の分泌）が生じるように，条件刺激によっても条件反応（conditioned response，唾液の分泌）が生じるようになることを，古典的条件づけ（classical conditioning）といいます。

また，ハトがボタンを突いたときに餌を与えることを繰り返すことで，ハトが自発的にボタンを突くようになることも学習のひとつです。しかしこの場合，ボタンを突くことは，無条件反応ではなく自発的な行動です。このような，自発的な反応がもたらす結果によってその反応の頻度が変化していくことをオペラント条件づけ（operant conditioning）といいます。オペ

表3-1 学習の例

学　習	学習ではない
・ハトがボタンを突いたときに餌を与えたら，ハトが自発的にボタンを突くようになること（条件づけ）。 ・弓道を繰り返し練習することで的に当たるようになること（運動学習）。 ・他人が人形を攻撃して叱られることを見た子どもが攻撃行動を減らすこと（観察学習）。	・加齢による記憶力の衰え（経験によらない変化）。 ・疲労による走る速度の低下（一時的な変化）。

ラント条件づけで反応を増やす手続きを**強化（reinforcement）**，減らす手続きを**罰（punishment）**といい，反応を増やす刺激を**強化子（reinforcer）**，減らす刺激を**罰子（punisher）**といいます。罰を**弱化**，強化子を**好子（positive reinforce）**，罰子を**嫌子（negative reinforce）**ということもあります。

　古典的な心理学では，学習をすべて条件づけだけで説明しようとしてきました。しかし，たとえば一輪車に乗れるようになりたい子どもが，ごほうびだけで一輪車に乗れるようになるでしょうか。トローブリッジとカソーン（Trowbridge & Cason, 1923）は，強化や罰よりも，学習者の行動がどの程度正しいかという**結果の知識（knowledge of results）**が，技能の学習に重要であることを示しました。第3章では，結果の知識の呈示の仕方が，学習の成否にどう影響するのかを，実験によって確かめます。

3.1.2　方法

●**材料**●　パソコンの画面に縦600×横800ピクセルの灰色のウインドウを表示します。このウインドウ内でマウスをドラッグすると，ボタンを放したときに，画面中央にメッセージが表示されます。このとき，ドラッグで移動した距離がデータとしてファイルに記録されます。再びマウスのボタンを押しドラッグを開始すると，メッセージは消えます。

●**手続き**●　実験参加者をパソコンの前に座らせ，次のように教示します。「パソコンに設定されている『正しい』長さにできるだけ近くなるように，ウインドウの左端から右へマウスをドラッグしてください」。なお，実験参加者には知らせませんが，「正しい」長さは200ピクセルとします。

　実験参加者をランダムに4群に分けます。そして，それぞれの群には，マウスのボタンを放すごとに次のようなメッセージを呈示します。

　　第1群（統制群）：マウスのボタンを放すごとに「次へ」とだけ呈示します。
　　第2群（無意味群）：マウスのボタンを放すごとに，アルファベット2文字の文字列をランダムに呈示します。呈示する文字列はすべての試行で異なるものを用います。
　　第3群（正誤群）：ドラッグした距離が200ピクセルから±25ピクセル以内（175〜225ピクセル）ならば「○」という文字を，それ以外ならば「×」という文字を呈示します。
　　第4群（数量群）：ドラッグした距離と200ピクセルとの差を，25ピクセルを1単位として呈示します。たとえば，差が±25ピクセル以内のときは「0」と提示します。51ピクセル長いときには「+2」と呈示し，77ピクセル短いときには「-3」と呈示します。

　このような，マウスのドラッグと文字列のフィードバックを，実験参加者1人につき100回

繰り返し，100回中何回，±25ピクセル以内になったかの平均値を比較します。したがって，この実験の独立変数は「フィードバックする文字列の種類」，従属変数は「差が±25ピクセル以内になった回数」です。

3.1.3 データの例

右利きの大学生19人を対象にこの実験を行い，表3-2のデータを得たとします。1列目は実験参加者ID，2列目はフィードバックするメッセージの種類，3列目は100試行中に距離が200±25ピクセル以内になった回数です。

平均値を計算すると図3-1のようになります。

3.2 無作為割り当て

この実験では，19人の実験参加者を4つの群に無作為に割り当てています。第2章で，剰余変数を統制する方法の1つに無作為化があり，とくに実験参加者を各条件に無作為に割り当てることを**無作為割り当て（random assignment）**[*7]ということを学びました。ここでは無作為割り当ての特長と限界を説明します。

3.2.1 無作為割り当ての特長

無作為割り当ての特長は，剰余変数の値の違いを誤差として扱えることです。たとえば，無作為に割り当てても，たまたま統制群に知能の高い実験参加者が集まってしまうこともあります。しかし，無作為割り当てならば，誤差の範囲を超えて統制群の知能の平均が高くなることはほとんどありません。同じことが，個人差に由来するすべての剰余変数（性別，年齢，出身地，教育歴など）についていえます。無作為割り当てを行えば，直接測れる剰余変数も測れない剰余変数も，すでにわかっている剰余変数も未知の剰余変数もすべて，値の違いは誤差として統制することができます。

無作為割り当てを実験の「王道」と呼んだり（高野，2000），無作為割り当てのない実験の

表3-2　100試行中の正答回数

参加者ID	文字の種類	正答回数
一条	数量	26
一之瀬	無意味	4
一戸	統制	9
一色	正誤	18
二階堂	数量	46
二宮	無意味	8
二瓶	統制	18
二村	正誤	22
三浦	無意味	16
三上	正誤	34
三宅	統制	27
三好	数量	56
四元	正誤	46
四戸	数量	61
四方	無意味	20
四宮	統制	30
五島	正誤	50
五味	無意味	32
五月	数量	66

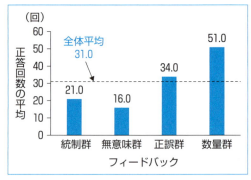

図3-1　距離が175～225ピクセルになった回数の平均値

---

*7　無作為配分，無作為配置，無作為割り付けともいいます。

ことを，実験といわず**準実験（quasi-experiment）**といったりするほど，無作為割り当ては実験に必要なものです。しかし，無作為割り当てさえ行えば十分というわけではありません。

3.2.2 無作為割り当ての限界

無作為割り当ては剰余変数を統制する強力な方法ですが，実験参加者を割り当てた後の変化までは統制できません。たとえば，この実験で実験参加者を無作為に4群に割り当てた後，無意味群だけ，課題の難しさに嫌気がさして実験参加者が多く脱落してしまったとします。この場合，もし無意味群の成績が良かったとしても，それは無意味つづりを呈示したことが良かったのか，それとも残った実験参加者に根性があったからなのか，わかりません。

また，無作為割り当ては，個人差に由来する剰余変数しか統制できません。たとえば，数量群には液晶モニターとマウスで実験を行い，正誤群にはタブレットで実験を行ったとします。このとき，従属変数の平均値に差があっても，それは呈示する文字列が違うからなのか，それとも呈示するデバイスが違うからなのか，わかりません。

3.3 実験参加者間要因と実験参加者内要因

第2章までは，2条件の間で従属変数の平均値差を調べる方法としてt検定を学びました。この章の実験のように，条件が3つ以上あるときに従属変数の平均値を調べるときには，**分散分析（analysis of variance：ANOVA）**を使います。

分散分析では，独立変数のことを**要因（factor）**といい，要因の値を**水準（level）**といいます（表3-3）。実験の目的によって，要因と水準はさまざまです。たとえば，分散分析で従属変数の日米中の国籍による違いを調べたいとき，要因は国籍で，その水準は日本・米国・中国の3つです。

表3-3 要因と水準の例

要　因	その水準
性　別	女，男
学　年	1年生，2年生，3年生，4年生
両端の羽根	あり，なし
再生のタイミング	遅延再生，直後再生
フィードバック	なし，無意味つづり，正誤，数量

実験参加者間計画で実験を行う場合，要因は**実験参加者間要因（between-participants factor）**となります。実験参加者間要因では，異なる水準に異なる実験参加者を割り当てます。そのため，ふつう[*8]は，従属変数の値に水準をまたいだ対応関係がありません。本章の実験でも，たとえば統制群と無意味群の実験参加者が異なりますので，「フィードバックする文字列の種類」という要因は，実験参加者間要因です。

一方，実験参加者内計画で実験を行う場合，要因は**実験参加者内要因（within-participant**

[*8] まれに，似たような実験参加者を水準数ずつのブロックにまとめ，各ブロックから無作為に1人ずつ各水準に割り当てること（**乱塊法：randomized-block design**）があります。この場合，従属変数の値が水準をまたいで対応するため，実験参加者間要因であっても実験参加者内要因と同じ扱いをします。

factor）となります。実験参加者内要因では，すべての実験参加者がすべての水準に参加します。したがって，従属変数の値に水準をまたいだ対応関係があります（図3-2）。

実験参加者間要因と実験参加者内要因の特徴は，表3-4のとおりです。要因がどちらなのかによって分析方法が異なります。実験参加者内要因があるときに適用する方法は，第4章をご覧ください。

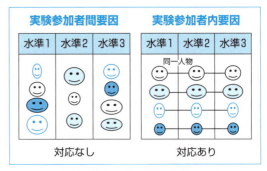

図3-2　実験参加者間要因と実験参加者内要因における従属変数の値の対応関係

表3-4　実験参加者間要因と実験参加者内要因の特徴

	実験参加者間要因	実験参加者内要因
計　画	実験参加者間計画	実験参加者内計画
実験参加者	異なる水準に異なる実験参加者	すべての実験参加者が全水準に参加
標本サイズ	水準によって異なることがある	水準によって標本サイズは同じ
データの対応	水準をまたぐ値に対応がない	水準をまたぐ値に対応がある
長　所	各人が1回きりなので練習，慣れ，疲労などが交絡しない	全員が全水準に参加するので，参加者属性が要因に交絡しない
短　所	多くの実験参加者を要する	実験参加者を長時間拘束する

3.4　実験参加者間1要因の分散分析

実験参加者間要因が1つのときの実験計画を**完全無作為化法（completely randomized design）**といいます。本章の実験のように，水準が4つある完全無作為化法の実験計画を「CR-4」と表記することがあります。ここでは，完全無作為化法で得たデータの分析方法を説明します。

3.4.1　分散分析

実験参加者間1要因の分散分析の帰無仮説は「すべての群の母平均が等しい」で，対立仮説は「少なくとも1対の母平均が異なる」です。実験参加者間1要因の分散分析は，対応のないt検定と同様に，すべての群の母分散が等しいことを前提としています。

分散分析では従属変数の値を，以下のように分解します（図3-3）。

$$正答数 ＝ 全体平均 ＋ 処遇の効果 ＋ 誤差$$

たとえば，一戸さんの正答数は$9＝31－10－12$，二階堂さんの正答数は$46＝31＋20－5$のように分解します。

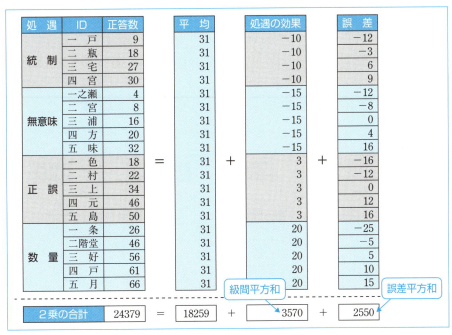

図3-3　従属変数の値の分解

(1) 全体平均　全体平均とは，全体の標本平均です。今回の実験参加者19人の正答数の標本平均は，31となっています。

(2) 処遇の効果　「処遇の効果」とは，群ごとに違う処遇（この例の場合はフィードバック）を行った結果として，4群の母平均に差を生む効果のことです。もしも，フィードバックの仕方が正答数に影響していれば，「処遇の効果」の部分に差が現れます。処遇の効果は，水準の平均が全体平均からどれくらい高いのか（低いのか）を示しています。たとえば，統制群の処遇の効果は−10となっています。これは，統制群の標本平均である21が，全体平均である31より10低いことを示しています。すなわち，「次へ」とだけ提示する（統制群への処遇）と，参加者の正答数を全体平均から10引き下げる効果があったということです。また，○や×をフィードバックする（正誤群への処遇）と，全体平均より正答数を3押し上げる効果があったということです。

(3) 誤差（個人差）　上記のように，二階堂さんの正答数46は，46＝31＋20−5と分解されています。二階堂さんは平均的には31回正答できるはずであり，数量群に割り当てられたことによって，さらに20回多く正答できるはずですが，それでも個人差は残ります。数量群に割り当てられた参加者の正答数はすべて，51ではないからです。誤差は，そういった実験条件の違いでは説明がつかない，個人差を表す部分です。

以上の分解をグラフ化したものが図3-4です。従属変数の棒グラフは、もともとの正答数のばらつきを表しています。このばらつきは、処遇の効果の影響のほうが強いのでしょうか。それとも、誤差の影響のほうが強いのでしょうか。じつは、従属変数のばらつきを説明するうえで、処遇の効果のばらつきのほうが強いのか、誤差のばらつきのほうが強いのかを勝負させているのが分散分析です。処遇の効果が従属変数をばらつかせる影響力が強いとき、分散分析の結果は有意となります。

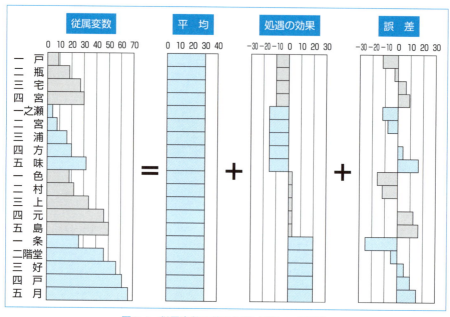

図3-4　従属変数の値の分解（グラフで表現）

（4）級間平方和（between-class sum of squares）　それでは、処遇の効果が従属変数をばらつかせる影響力を、どのように評価すればよいでしょうか。ここで、級間平方和を使います。これは、処遇の効果の値をすべて2乗して足したものです。実際に計算すると、以下になります（図3-3）。

$$級間平方和 = 4 \times (21.0 - 31.0)^2 + 5 \times (16.0 - 31.0)^2 \\ + 5 \times (34.0 - 31.0)^2 + 5 \times (51.0 - 31.0)^2 \\ = 3570.0$$

（5）誤差平方和（sum of squares of error）　一方、誤差（個人差）が従属変数をばらつかせる影響力の強さは、誤差平方和[*9]で評価します。具体的には、実験参加者一人ひとりの誤差の値をすべて2乗して足したものです。実際に計算すると、以下になります（図3-3）。

$$\text{誤差平方和} = (9-21.0)^2 + (18-21.0)^2 + \cdots + (66-51.0)^2$$
$$= 2550.0$$

(6) 級間平均平方（between-class mean square） 級間平方和は，従属変数をばらつかせる影響力の4水準の合力です。また，誤差平方和は，19個の誤差の影響力の合力です。これでは4対19の勝負になってしまうので，1対1の勝負にもっていく必要があります（図3-5）。

図3-5 級間平均平方と誤差平均平方の比較

1水準あたりの従属変数をばらつかせる影響力のことを，級間平均平方といいます。級間平方和を4で割ると，1水準あたりの処遇の効果の影響力が得ることができそうですが，級間自由度（between-class degrees of freedom）で割ります。級間自由度は3（＝4－1）です。なぜ，3で割るかというと，母集団における1水準あたりの影響力を推定しているからです。不偏分散（第1巻5章参照）を思い出してください。分母が（標本サイズ－1）でした。これと同様の考え方です。したがって，本章の実験では，級間平均平方は以下のようになります。

$$\text{級間平均平方} = 3570.0 \div 3 = 1190.0$$

(7) 誤差平均平方（mean square of error） 級間平均平方と同様に，1つの誤差あたりの従

＊9 誤差平方和のことは級内平方和（within-class sum of squares）や残差平方和（residual sum of squares）ともいいます。

属変数をばらつかせる影響力を求めます。ただし，誤差平方和を標本サイズの19で割るのではありません。各水準の（標本サイズ−1）を足し合わせたもの（これを**誤差自由度**[*10]〈degrees of freedom of error〉といいます）で割ります。

$$\text{誤差自由度} = 3 + 4 + 4 + 4 = 15$$

誤差自由度は，（標本サイズ−水準数）として計算してもよいです（この例では，$19 - 4 = 15$）。したがって，誤差平均平方は，以下のようになります。

$$\text{誤差平均平方} = 2550.0 \div 15 = 170.0$$

(8) F 統計量 すべての準備が整いましたので，分散分析の検定統計量である F 統計量を計算します。F 統計量は，上記の (6) 級間平均平方と (7) 誤差平均平方の比です（図3-5）。言い換えると，F 統計量は，級間平均平方が誤差平均平方に比べて何倍であるかを示す統計量です。

仮に，級間平均平方が100で誤差平均平方が20だとすると，$F = 100/20 = 5$ になります。つまり，級間平均平方が誤差平均平方に比べて5倍大きいということです。あるいは，級間平均平方が50で誤差平均平方が200だとすると，$F = 0.25$ となります。つまり，1水準あたりの従属変数をばらつかせる影響力が，1つの誤差あたりの影響力に比べて1/4倍であるということです。

このように，F 統計量は，1水準あたりの処遇の効果と1つあたりの誤差の効果の，1対1の勝負を示す統計量になっています。本章の実験では，F 統計量は以下のようになります。

$$F = 1190.0 \div 170.0 = 7.000$$

(9) F 分布（F distribution） F 統計量は，帰無仮説どおりすべての群の母平均が等しければ，F 分布（図3-6）に従います。F 分布は，2つの自由度を母数に持つ確率分布であり，自由度の大きさによって形が変わります。このことを利用して仮説検定を行います。

第1自由度が級間自由度，第2自由度が誤差自由度として考えます。図3-6の最上段2列目の図にあるように，第1自由度が3，第2自由度が15の F 分布に従う変数は95％の確率で0から3.287までの値になります[*11]。7.000はこの範囲の値ではないので，すべての水準の母平均が

---

*10 誤差平方和と同様に，誤差自由度のことを**級内自由度**（within-class degrees of freedom）や**残差自由度**（residual degrees of freedom）ともいい，誤差平均平方のことを**級内平均平方**（within-class mean square）や**残差平均平方**（residual mean square）ともいいます。

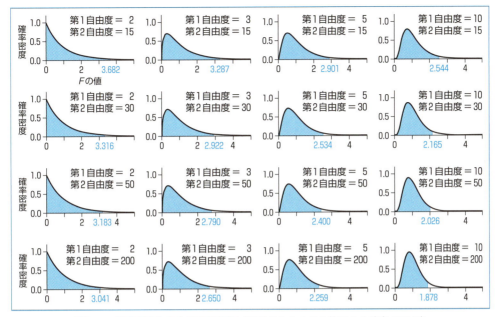

図3-6 さまざまな自由度のF分布（青数字より小さな値になる確率が95％）

等しいという帰無仮説を棄却します。コンピュータを使って p 値を計算すると0.004になります。有意水準の0.05より小さいので、F 値は有意水準が5％の場合の棄却域にあります。

3.4.2 効果量

実験参加者間1要因の分散分析では多くの場合、従属変数の母分散に占める効果の母分散の割合を、母効果量とします（図3-7）。しかし、効果の母分散も、誤差の母分散も、全体の母分散も、その本当の値を知ることはできないので、母効果量の本当の値を知ることはできません。

そこで、それぞれの分散を推定値で置き換えます。全体の母分散は、全体の不偏分散（第1章参照）で推定します。誤差の母分散は、誤差平均平方[*12]（3.4.1の(7)参照）で推定します。母分散をこれらの推定値で置き換えたものを、**自由度調整済み決定係数（coefficient of determination adjusted for the degrees of freedom）**といいます[*13]。「決定係数」とは、回帰分析で出てくる、標本における従属変数と独立変数の関係の強さを表す指標です（本シリーズ第3巻参照）。自由度調整済み決定係数は、決定係数を、母集団における関係の強さの推定値にな

[*11] F分布に従う変数は必ず0以上の値になります。そして、すべての群の標本平均（母平均ではなく）が完全に等しいとき、F値は0になります。そこで分散分析では、0は受容域の値とし、棄却域は右側のみとする、片側検定（第1巻6章3節）を行います。

[*12] 実験参加者間1要因の分散分析の誤差平均平方は、それぞれの群の不偏分散を自由度で重みづけ平均したものになっています。

[*13] 実験参加者間1要因の分散分析の標本効果量には、別のものも提案されています。しかし、自由度調整済み決定係数は、分散分析の主要な標本効果量のなかで最もバイアスが少ないことが、シミュレーションで示されています（Okada, 2013）。他の効果量について知りたい方は、南風原（2014）や大久保・岡田（2012）などを参照してください。

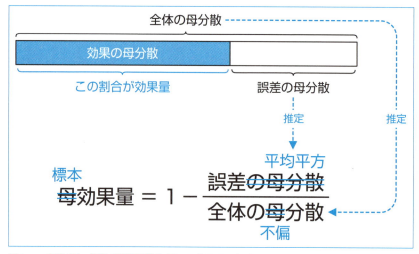

図3-7　実験参加者間1要因分散分析の母効果量と標本効果量（自由度調整済み決定係数）

るように調整したものです。なお，分散分析では多くの場合，自由度調整済み決定係数を ε^2（イプシロン2乗）で表します。

　自由度調整済み決定係数の具体的な計算は次のとおりです。全体の不偏分散は，全体平均が31.0で，全標本サイズが19なので，以下のようになります[*14]。

$$\text{全体の不偏分散} = \{(9-31.0)^2 + \cdots + (66-31.0)^2\} \div (19-1) = 340.0$$

　誤差の母分散は誤差平均平方で推定するので，170.0です。これらを図3-7に代入すると，自由度調整済み決定係数は次のようになります。

$$\text{調整済み決定係数}：\varepsilon^2 = 1 - \frac{170.0}{340.0} = 0.500$$

　自由度調整済み決定係数の値の大きさの解釈に今のところ定説はありませんが，たとえばコーエン（Cohen, 1988, pp.284-288）に従うと，0.0099のとき小さい効果量，0.0588のとき中程度の効果量，0.1379のとき大きい効果量となります。今回は0.5000だったので効果量は大きいといえます。

　ここまでの計算を表にまとめたもの（表3-5）を，**分散分析表（ANOVA table）** といいます。以上の結果より，「すべての母平均が等しい」という帰無仮説が5％水準で棄却され，効果量も大

[*14] じつは，分散分析表（表3-5）の，全体平方和÷全体自由度になっています。ただし，分散分析表の全体平方和は，単なる従属変数の2乗の合計ではなく，そこから平均の2乗の合計を引いたものになっています。図3-3とも比べてみてください。

表3-5　分散分析表

変動の原因	平方和	自由度	平均平方	F値	p値	調整済み決定係数（ε^2）
処　遇 （フィードバック）	級間平方和 3570.0 ÷	級間自由度 3 =	級間平均平方 1190.0	1190.0÷170.0 = 7.00	.004	.5000
誤　差 （個人差）	誤差平方和 2550.0 ÷	誤差自由度 15 =	誤差平均平方 170.0			
全　体	全体平方和 ▶ 6120.0	全体自由度 18				

注：全体平方和は，単なる従属変数の2乗の合計ではなく，そこから全体平均の2乗の合計を引いたもの（図3-3も見てください）。

きいため，フィードバックが異なると正答数の母平均に差が生まれる，ということができます。

3.4.3　多重比較

分散分析で帰無仮説が棄却された場合，「どこかに差がある」ことが示せます。しかし，「どこに差がある」のかまではわかりません。

今回の例でいえば，統制群・無意味群・正誤群・数量群の母平均は等しくないということがわかりましたが，数量群と正誤群の母平均に差があるのか，正誤群と統制群ではどうなのか，といったことまではわかりません。

それを調べる方法が**多重比較（multiple comparison）**です。多重比較にはいろいろな方法がありますが，ここでは心理学の研究でよく使われる**テューキーのHSD法（Tukey's honestly significant difference test）**を紹介します。

テューキーのHSD法では，群のペアごとに，図3-8のqという統計量の値を計算します。もしすべての群で母平均が等しければ，標本平均の差が最も開く2群のqは，**スチューデント化範囲分布（Studentized range distribution）**に従います。この分布を使って棄却域を設定し，qの値が棄却域にあるペアの平均値差が有意であるとします。

質問コーナー

自由度調整済み決定係数の値がマイナスになってしまったときには，どうしたらいいですか？

自由度調整済み決定係数は0と報告してください。自由度調整済み決定係数の値がマイナスになるのは，誤差平均平方が全体の不偏分散より大きいときです。しかし，だからといって，誤差の母分散が全体の母分散よりも大きいと考えるのはおかしいです（図3-7を見てください）。

この場合，効果の母分散はゼロで，従属変数の変動はすべて誤差と考えます。つまり，効果量の推定値はゼロであるとします。

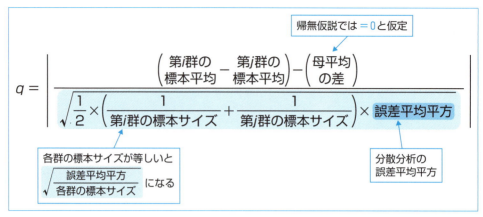

図3-8　テューキーのHSD法の検定統計量

●qの計算例●　最も平均値差が開いている数量群と無意味群の間で，qの値を計算してみましょう。それぞれの群の標本サイズは5ずつで，誤差平均平方は170.0なので，次のようになります。

$$q = \left| \frac{(51.0 - 16.0) - 0}{\sqrt{\frac{1}{2} \times \left(\frac{1}{5} + \frac{1}{5}\right) \times 170.0}} \right| = 6.002$$

群の数が4，誤差自由度が15のスチューデント化範囲分布に従う変数は，95％の確率で4.076以下の値になります（図3-9）。したがって，$q>4.076$を棄却域とします。数量群と無意味群の

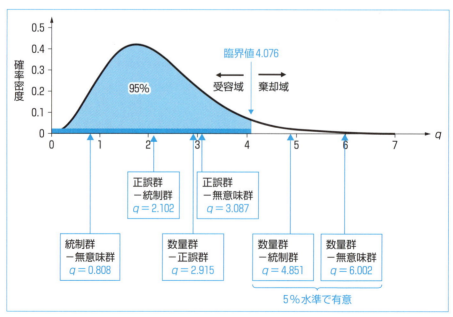

図3-9　テューキーのHSD法の計算例

間の $q(=6.002)$ は棄却域にあるので，数量群と無意味群の間には5％水準で有意な平均値差があります。コンピュータを使って p 値を計算すると0.004で，0.05未満になっています。

他のペアも，q の値を同じ棄却域と比べます。5％水準で有意な平均値差があるのは，他には数量群と統制群の間だけです。

● **母平均の差の信頼区間の計算例** ● 母平均の差の信頼区間を求めるときにも，スチューデント化範囲分布を使います。ここでは，数量群と無意味群の母平均の差の信頼区間を求めます。有意水準が5％のとき，受容域は $q \leq 4.076$ です。母平均の差の信頼区間の下限と上限は，それぞれ以下の方程式を「母平均の差」について解を求めます。

$$下限：\frac{(51.0-16.0)-母平均の差}{\sqrt{\frac{1}{2}\times\left(\frac{1}{5}+\frac{1}{5}\right)\times 170.0}} = 4.076$$

$$上限：-\frac{(51.0-16.0)-母平均の差}{\sqrt{\frac{1}{2}\times\left(\frac{1}{5}+\frac{1}{5}\right)\times 170.0}} = 4.076$$

すると，11.23および58.77となります。したがって，数量群と無意味群の母平均の差の95％信頼区間は［11.23, 58.77］です（図3-10）。

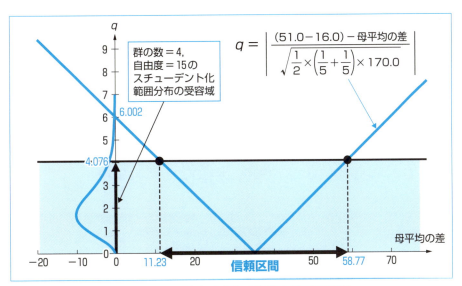

図3-10 数量群と無意味群の母平均の差の信頼区間

他のペアについても同じように計算します（図3-11）。たとえば，最も差の小さい，統制群と無意味群の母平均の差の信頼区間は，［−20.21, 30.21］です。

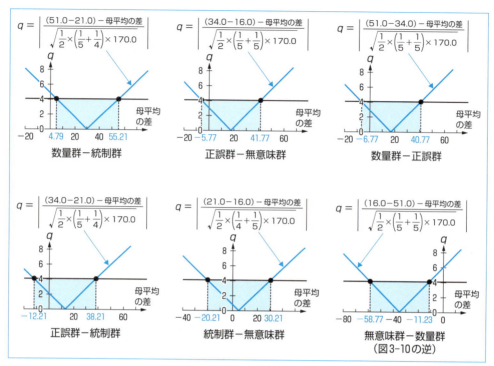

図3-11 他のペアの母平均の差の信頼区間

3.4.4 レポートの書き方

　実験参加者間1要因分散分析の結果を報告するときには，図3-12のように，検定統計量の種類と自由度，検定統計量の値，p値，標本効果量の値が必要です。たとえば次のように報告します。

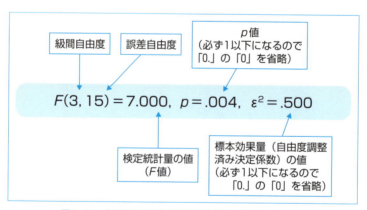

図3-12 実験参加者間1要因分散分析の結果の書き方

> **実験参加者間1要因分散分析の結果の書き方**
>
> 100試行中，ドラッグした距離が175ピクセルから225ピクセルの間になった回数の平均値は，数量群が最も多く51.0回で，次いで正誤群が34.0回，統制群が21.0回であった。無意味群は統制群より少ない16.0回であった。実験参加者間1要因分散分析を行ったところ，これらの平均値差は5％水準で有意であった，$F(3, 15) = 7.000$, $p = .004$, $ε^2 = .500$。テューキーのHSD法により多重比較を行ったところ，無意味群と数量群の間，および統制群と数量群の間の平均値差が5％水準で有意であった。

3.5 まとめ

本書のデータで，差が有意ではないものの，量的なフィードバックは正誤のみを伝えるより学習成績に$\sqrt{\text{誤差平均平方}}$の1.3倍もの差がありました。また，無意味つづりのような不適切なフィードバックは，何もしないよりかえって成績が悪く，その差は$\sqrt{\text{誤差平均平方}}$の0.38倍でした。第1章の1.4.3で標準偏差の0.2倍の差を小さな効果量としていましたので，小さいながらも無視できない差といえるでしょう。「読書百遍義自ずから見る」という故事がありますが，少なくとも何かを練習するときには，ただ闇雲に繰り返すのではなく，正解からどの程度へだたっているのかを正しく意識することが必要と考えられます。

【文献】

Cohen, J.（1988）. *Statistical power analysis for the behavior sciences*（2nd ed.）. Hillsdale, NJ：Lawrence Erbaum Associates.

南風原朝和（2014）. 続・心理統計学の基礎. 有斐閣

Okada, K.（2013）. Is omega squared less biased?：A comparison of three major effect size indices in one-way anova. *Behaviormetrika*, **40**, 129-147.

大久保街亜・岡田謙介（2012）. 伝えるための心理統計——効果量・信頼区間・検定力. 勁草書房

高野陽太郎（2000）. 因果関係を推定する——無作為配分と統計的検定. 佐伯胖・松原望（編） 実践としての統計学. 東京大学出版会 pp.109-146.

Trowbridge, M. H. & Cason, H.（1923）. An experimental study of Thorndike's theory of learning. *Journal of General Psychology*, **7**, 245-258.

9人の右利きの大学生を無作為に3群（右手群，左手群，休止群）に分け，鏡に映った図形を描かせる練習をさせました。右手群の実験参加者には，利き手である右手で練習をさせました。左手群の実験参加者には，利き手と逆の左手で練習をさせました。休止群の実験参加者には，練習をさせませんでした。練習の後，利き手である右手で同じ課題を行ったとき，要した時間は表1のようになりました。条件別の課題遂行時間の平均値はそれぞれ，右手群が16.0，左手群が20.0，休止群が30.0です。このデータについて，以下の設問に答えてください。

表1：鏡像描写の練習を行った条件と練習後の課題遂行時間

参加者ID	練習した手	遂行時間（秒）
一之瀬	右　手	12
二宮	右　手	16
三浦	右　手	20
一戸	左　手	16
二瓶	左　手	21
三宅	左　手	23
一色	休　止	27
二村	休　止	31
三上	休　止	32

問1：練習した手を要因，遂行時間を従属変数として，実験参加者間1要因分散分析を行いたいと思います。表2の分散分析表を完成させてください。自由度は整数で，平均平方とF値は，小数第3位を四捨五入して小数第2位までで答えてください。

表2

変動の原因	平方和	自由度	平均平方	F値
処遇	312.00			
誤差	72.00			
全体	384.00	8		

問2：練習した手の効果について，実験参加者間1要因分散分析を行うとき，用いるF分布の自由度は何ですか。また，F値は何ですか。「F（第1自由度，第2自由度）＝F値」のかたちで答えてください。

第4章 感覚実験（触二点閾）——実験参加者内1要因分散分析

4.1 実験の概要

4.1.1 はじめに

前から飛んでくるボールに危険を感じたり，吠える犬の声に驚いたりするためには，それぞれ視覚や聴覚の働きを必要とします。このように，感覚（sensation）は外の刺激に対する最初の心の働きになっています。しかし，感覚という言葉から，どこかいい加減なものを連想する人も多いのではないでしょうか。たしかに，しばしば機械と対比されるように，人間の感覚は厳密ではありません。しかし，厳密ではなくても，感覚には何らかの規則性があることも確かです。そのような感覚を測る方法が心理物理学的測定法（psychophysical methods）です。

たとえば，間隔の狭い2つの点があるとき，人間はどこまで小さな差を区別できるでしょうか。同時に呈示された異なる2点を，異なる2点として知覚できる最小距離を二点閾（two-point threshold）といいます。二点閾の大きさは体のどこでも一定というわけではありません。たとえば指先ではごくわずかな距離の2点を区別できるのに対し，背中ではかなり離れていないと異なる2点と感じられないといった性質があります（図4-1）。本章では，手のさまざまな部位の触覚の二点閾を測ることを通じて，心理物理学的測定法がどのようなものなのかを学びます。

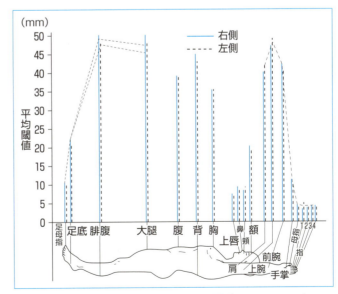

図4-1　身体のさまざまな部位の二点閾（Weinstein, 1968）

4.1.2 方法

●**材料**● 2点を呈示するために，スピアマン式触覚計（図4-2）を使用します。コンパスで代用しても手続きを体験することはできますが，精度ははるかに劣ります。また，図4-3のような記録用紙を用います。

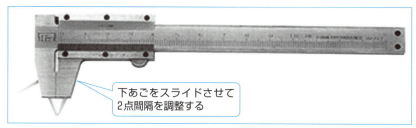

図4-2　スピアマン式触覚計（竹井機器工業株式会社HPより許可を得て掲載）

距離 (mm)	試行					
	1 （上昇）	2 （下降）	3 （下降）	4 （上昇）	5 （下降）	6 （上昇）
20		2	2		2	
19		2	2		2	
〜						
5			2		2	1
4	②				2	1
3	①				2	1
2	1		2	1	1	1
1	1		1	1		1
0	1			1		
測定値	③.5	8.5	1.5	3.5	2.5	7.5

はい（2点）なら2，いいえ（それ以外）なら1と記入

目安をつけて記入

反応が変化する前後の距離（この場合は3と4）を平均

図4-3　この実験の記録用紙の例

●**手続き**● 二点閾を測る部位は，① 人差し指の指先，② 人差し指の付け根，③ 母指球（親指の付け根のふくらみ），④ 手首の，いずれも手のひら側の計4カ所とします（図4-4）。以降，図表の中では簡潔に，指先・付け根・母指球・手首と表記します。

実験参加者には，触覚計で呈示された刺激が明らかに異なる2つの点と感じたならば「はい」と，1つの点であるように感じたり，どちらかわからなかったりするときは「いいえ」と答えるように教示します。実験者は，「はい」と答えたならば，記録用紙に2と記入し，「いいえ」と答えたならば1と記録します。その後，練習試行として，二点閾を測る4カ所に，さまざまな幅で触覚計を当てます。このとき，実験参加者が明らかに1点であると感じる幅と，明らかに2点

であると感じる幅の当たりをつけておき，記録用紙に記入します。目安をつけた結果，図4-3の行頭にあるように，0〜20mmとしました。

本試行では，明らかに1点であると感じる幅から，1mmずつ幅を広げながら触覚計を当て続ける上昇試行と，明らかに2点であると感じる幅から，1mmずつ幅を狭めながら触覚計を当て続ける下降試行を行います。上昇試行では，明らかに2点と感じるようになったらそこで試行を終了し，判断が変化する前後の触覚計の幅を平均します。たとえば，3mmまでは「いいえ」と答え，4mmで「はい」と答えたら，その試行での測定値は3.5mmとします。下降試行も同様に，2点と感じられなくなり「いいえ」と答えたら試行を終了し，その前後の平均値をその試行での測定値とします。

上昇試行と下降試行は，1つの部位につき，上昇→下降→下降→上昇→下降→上昇→上昇→下降→上昇→下降の順に，上昇試行と下降試行をそれぞれ5試行ずつ行います。したがって，1つの部位につき，10の測定値を得ます。そして，その10個の測定値の平均を，その部位の二点閾の測定値とします。

4.1.3　データの例

5人の大学生を対象にこの実験を行い，表4-1のデータを得たとします。1列目は実験参加者ID，2列目から5列目は，人差し指の指先，人差し指の付け根，母指球，手首の，それぞれの測定値です。二点閾の平均値を計算すると，図4-5および図4-6のようになります。

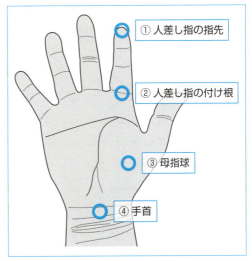

図4-4　二点閾を測る部位

表4-1　身体各部位の二点閾の測定値

ID	指　先	付け根	母指球	手　首
一之瀬	1.9	7.1	7.0	18.0
二　宮	1.6	8.1	10.2	16.1
三　浦	1.2	8.2	12.8	15.8
四　方	5.9	11.5	13.4	13.2
五　味	4.4	10.1	16.6	16.9

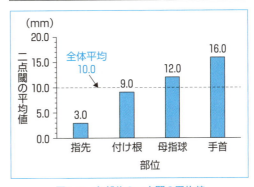

図4-5　各部位の二点閾の平均値

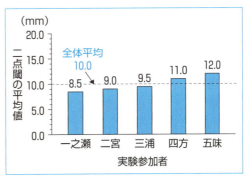

図4-6　各実験参加者の二点閾の平均値

4.2 心理物理学的測定法

感覚や知覚の研究で，物理的な刺激量（たとえば明るさや音圧レベルなど）と，心理的に知覚される量の関係を調べることを，心理物理学（psychophysics）または精神物理学といいます。

4.2.1 何を測るか

心理物理学で測る対象には次のようなものがあります。まず，知覚できる最小の刺激量で，これを刺激閾（stimulus threshold）または絶対閾（absolute threshold）といいます。たとえば，耳のよい人は聴覚の刺激閾が低く，小さい音を拾うことができます。刺激間の違いがわかる最小値も心理物理学の対象で，これを弁別閾（difference threshold）または丁度可知差異（just noticeable difference：JND）といいます。本章の実験では，触覚の弁別閾を測っています。

また，刺激間で刺激の強さが主観的に等しいと感じられる主観的等価点（point of subjective equality：PSE）も，心理物理学で測る対象です。第1章の実験では，矢羽根がついた線分の長さと同じ長さになるようにもう1つの線分の長さを操作して，主観的等価点を測りました。

4.2.2 どのように測るか

心理物理学的測定法と呼ばれる方法には，主に次の3つがあります。まず，実験者が刺激の強さを順次変化させ，実験参加者の反応が変化する刺激強度を求める，極限法（method of limits）があります。本章の実験では極限法を採用しています。また，第1章の実験のように，実験参加者が自ら刺激強度を調節して閾や主観的等価点を測る，調整法（method of adjustment）があります。調整法はすばやく結果が出るものの，客観性に劣るという欠点があります。ほかに，刺激の強さをランダムに変化させながら繰り返し呈示する，恒常法（method of constant stimuli）があります。恒常法は極限法と異なり，次に呈示される刺激の強さを予期させないという利点があります。しかし，多数の試行が必要であることや，閾の計算方法がやや複雑であることなどの欠点があります。

質問コーナー

知覚できる最大の刺激量は測らないのですか？

知覚できる最大の刺激量のことを，刺激頂（terminal stimulus）といいます。これは視覚や聴覚などの感覚が，痛みに変わる境目のことです。もちろん心理物理学の対象です。しかし，学生が行う実験では，倫理的な問題もあってあまり見かけません。

4.3 固定効果要因と変量効果要因

　第3章の実験では，実験参加者間計画で実験を行い，異なるフィードバック方法には異なる実験参加者を割り当てました。つまり，1人の実験参加者は1つの水準にのみ割り当てられ，正しい長さを当てた回数を測りました。本章の実験では，実験参加者内計画で実験を行い，異なる部位の測定にすべての実験参加者を割り当てています。つまり，1人の実験参加者はすべての水準で，二点閾を測っています。このように，1人の実験参加者に対して複数の条件で従属変数を測定することを，反復測定（repeated measurement）といいます。

　第3章のように1人につきたった1回の測定では，処遇の効果で説明できない個人差を，最終的に誤差として処理せざるをえません。前章の例では，長さを長めに，あるいは短めに見積もりやすい傾向のある参加者がいるかもしれませんが，そのような個人差を設定することはできません。しかし，反復測定をすると，処遇の効果だけでなく，個人差も要因としてその効果を調べることができます。今回の例でいえば，二点閾を大きく，あるいは小さく報告しやすい参加者がいたとき，その個人差を要因の1つとして考えることができます。ただし，個人差という要因は，ふつうの実験要因と性質が異なります。

　ふつうの要因は，実験者が水準を決めます。たとえば，本章の実験における「測定部位」という要因では，実験者が意図的に，人差し指の指先，人差し指の付け根，母指球，手首という水準を決めています。そして，どの部位とどの部位の間で，二点閾の母平均に差があるのかを調べようとしています。このように，水準を実験者が意図的に決める要因を固定効果要因（fixed-effect factor）といいます。

　これに対し，個人差という要因の水準（表4-1のIDの値，つまり人名）は，母集団から無作為抽出された「一之瀬さん」「二宮さん」などです。つまり，各水準（各参加者）はランダムに決まったものであり，実験者が意図的に決めたものではありません。このように，水準がランダムに決まる要因を，変量効果要因（random-effect factor）といいます。ふつう，変量効果要因では，特定の水準間に母平均の差があるかについて興味はありません。たとえば，一之瀬さんと二宮さんの二点閾の母平均に差があるかどうかについて，調べることはありません。一之瀬さんも二宮さんも，無作為抽出の結果，たまたまランダムに選ばれてきただけだからです。

4.4 実験参加者内1要因分散分析

　実験参加者内要因が1つのときの実験計画を，乱塊法（randomized block design）といいます[*15]。たとえば本章の実験のように，水準が4つある乱塊法の実験計画を，「RB-4」と表記することがあります。

　ここでは，乱塊法で得たデータを分析する方法である，実験参加者内1要因の分散分析を説

4.4.1 分散分析

対応のない t 検定や実験参加者間 1 要因分散分析では，すべての群で母分散が等しいことを前提としていました。対応のある t 検定は事実上，差得点という 1 変数の分析なので，母分散が等しいという前提は要りませんでした。実験参加者内 1 要因分散分析では，差得点が複数あるため，**差得点の母分散が等しい**と仮定します。この仮定を，**球面性（sphericity）**の仮定といいます。具体的には，本実験は 4 水準あるので，「指先-付け根」「指先-母指球」「指先-手首」「付け根-母指球」「付け根-手首」「母指球-手首」の 6 つの差得点があります。この 6 つの差得点の母分散が等しいと仮定します。

実験参加者内 1 要因の分散分析では事実上，実験要因と個人差要因の，2 要因の分散分析を行います。つまり従属変数の値を，図 4-7 のように分解します。式で表すと以下のとおりです。

$$\text{従属変数} = \text{全体平均} + \text{個人差} + \text{処遇の効果} + \text{誤差}$$

たとえば，一之瀬さんの人差し指先の二点閾は，$1.9 = 10.0 - 1.5 - 7.0 + 0.4$ のように分解します。

(1) 級間平方和 　実験参加者内 1 要因分散分析には個人差という要因が加わっていますが，級間平方和の求め方は，実験参加者間 1 要因分散分析と同じです。

図 4-5 より，人差し指先，人差し指の付け根，母指球，手首の標本平均はそれぞれ 3.0，9.0，12.0，16.0 で，全体平均は 10.0 です。それぞれ 5 人分ずつデータがあるので，級間平方和は以下となります（図 4-7③）。

質問コーナー

ある要因が固定効果要因なのか変量効果要因なのかは，どうすればわかりますか？

要因を固定効果要因とするか変量効果要因とするかは，実験者が決めます。最初の理解としては，水準ごとの母平均に興味がある要因は固定効果要因として，水準ごとの母平均に興味がない要因は変量効果要因とする，と考えればよいでしょう。なお，本書では，個人差以外の要因はすべて，固定効果要因としています。

---

*15 乱塊法は本来，似たような実験参加者を水準数ずつのブロックにまとめ，各ブロックから無作為に 1 人ずつ各水準に割り当てる，実験参加者間での実験計画です。しかし，実験参加者内 1 要因の実験計画でも同じ方法で分析するため，実験参加者内 1 要因の実験計画のことも，乱塊法と呼んでいます。

$$級間平方和 = 5 \times (3.0 - 10.0)^2 + 5 \times (9.0 - 10.0)^2$$
$$+ 5 \times (12.0 - 10.0)^2 + 5 \times (16.0 - 10.0)^2$$
$$= 450.0$$

従属変数	指先	付け根	母指球	手首
一之瀬	1.9	7.1	7.0	18.0
二 宮	1.6	8.1	10.2	16.1
三 浦	1.2	8.2	12.8	15.8
四 方	5.9	11.5	13.4	13.2
五 味	4.4	10.1	16.6	16.9
2乗の合計		2544		

=

① 全体平均

全体平均	指先	付け根	母指球	手首
一之瀬	10	10	10	10
二 宮	10	10	10	10
三 浦	10	10	10	10
四 方	10	10	10	10
五 味	10	10	10	10
2乗の合計		2000		

+

② 個人差

個人差	指先	付け根	母指球	手首
一之瀬	−1.5	−1.5	−1.5	−1.5
二 宮	−1.0	−1.0	−1.0	−1.0
三 浦	−0.5	−0.5	−0.5	−0.5
四 方	1.0	1.0	1.0	1.0
五 味	2.0	2.0	2.0	2.0
2乗の合計		34		

+

③ 処遇の効果

処遇の効果	指先	付け根	母指球	手首
一之瀬	−7.0	−1.0	2.0	6.0
二 宮	−7.0	−1.0	2.0	6.0
三 浦	−7.0	−1.0	2.0	6.0
四 方	−7.0	−1.0	2.0	6.0
五 味	−7.0	−1.0	2.0	6.0
2乗の合計		450		

+

④ 誤差

誤差	指先	付け根	母指球	手首
一之瀬	0.4	−0.4	−3.5	3.5
二 宮	−0.4	0.1	−0.8	1.1
三 浦	−1.3	−0.3	1.3	0.3
四 方	1.9	1.5	0.4	−3.8
五 味	−0.6	−0.9	2.6	−1.1
2乗の合計		60		

図4-7 従属変数の値の分解

(2) 誤差平方和 たとえば，四方さんの母指球の二点閾について考えてみましょう。四方さんの4カ所の二点閾の平均値は11.0で，全体平均の10.0より1.0大きいです（図4-6）。また，母指球の5人の二点閾の平均値は12.0で，全体平均より2.0大きいです（図4-5）。したがって，四方さんの母指球の二点閾は，全体平均に四方さんの個人差と，母指球で測るという処遇の効果を加えた，10.0＋1.0＋2.0＝13.0であるはずです。しかし，実際の値は13.4なので，13.4－13.0＝0.4の誤差があります（図4-7④）。つまり，理論値13.0に誤差（たとえば，少し気分が悪く，手の感覚が鈍かったなど）が，0.4だけ乗って観測されたと考えます。

　誤差平方和は，全員の全条件の誤差（20個）の値を2乗して足し合わせます。つまり，以下となります。

$$誤差平方和 = \{1.9-(10.0-1.5-7.0)\}^2 + \{7.1-(10.0-1.5-1.0)\}^2$$
$$+ \cdots + \{16.9-(10.0+2.0+6.0)\}^2$$
$$= 60.0$$

(3) 自由度と平均平方 級間平方和を級間自由度で割ると，級間平均平方になります。級間自由度は（条件数－1）で，本実験では4－1＝3です。したがって，級間平均平方は次のとおりです。

$$級間平均平方 = 級間平方和 \div 級間自由度 = 450.0 \div 3 = 150.0$$

　誤差平方和を誤差自由度で割ると，誤差平均平方になります。実験参加者内1要因分散分析の誤差自由度は，（標本サイズ－1）×（条件数－1）です。この実験には5人が参加し，4つの条件があるので，誤差自由度は（5－1）×（4－1）＝12です。したがって，誤差平均平方は次のようになります。

$$誤差平均平方 = 誤差平方和 \div 誤差自由度 = 60.0 \div 12 = 5.0$$

(4) F統計量 実験参加者内1要因分散分析でも，実験参加者間1要因分散分析と同様に，処遇の違いに母平均の差を生む効果があるかどうかを，F統計量の値の大小で判断します。F統計量は級間平均平方÷誤差平均平方なので，本実験の場合，F統計量の値は次のようになります。

$$F = 級間平均平方 \div 誤差平均平方 = 150.0 \div 5.0 = 30.00$$

もし，処遇の違いに母平均の差を生む効果がなければ，F統計量は，第1自由度が級間自由度，第2自由度が誤差自由度のF分布に従うはずです。この例では，級間自由度が3，誤差自由度が12なので，第1自由度が3，第2自由度が12であるF分布を参照すると，95％の確率で0から3.490までの値をとります。30.00はこの範囲の値ではないので，処遇の効果がないという帰無仮説を棄却します。コンピュータを使ってp値を計算すると0.00000737です。有意水準の0.05より小さいので，F値は有意水準が5％の場合の棄却域にあります。

4.4.2 効果量

第3章の実験参加者間1要因の分散分析では，母効果量として，従属変数の母分散に占める，処遇の効果の分散の割合を使いました。実験参加者内1要因の分散分析の場合，従属変数の母分散は，処遇の効果の母分散と誤差の母分散のほかに，個人差の母分散からも成り立っています。「処遇の効果の母分散の割合」を考えるとき，処遇の効果とも誤差とも無関係な個人差の母分散が含まれてしまうのは不都合です。

そこで，母効果量の分母は，全体の母分散から個人差の母分散を引いたものにします（図4-8）。これに対応して，標本効果量の分母は，個人差という要因だけで分散分析を行ったときの誤差平均平方にします。これを**自由度調整済み偏決定係数（coefficient of partial determination adjusted for the degrees of freedom**といい，ε_p^2（「偏イプシロン2乗」と読みます）で表します。「偏」とはpartialの訳です。ここでは，「偏り」ではなく，「部分的な」「一部の」という意味で理解してください。図4-8を見てわかるとおり，分母が全体の分散ではなく，一部の分散になっています。

表4-1のデータを使って，自由度調整済み偏決定係数を計算してみましょう（図4-9）。個人

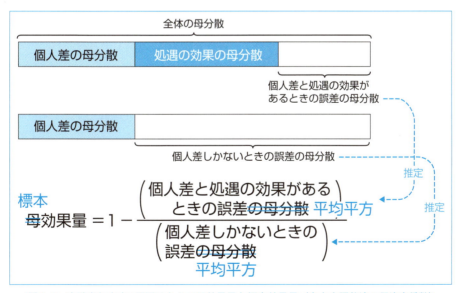

図4-8　実験参加者内1要因のときの母効果量と標本効果量（自由度調整済み偏決定係数）

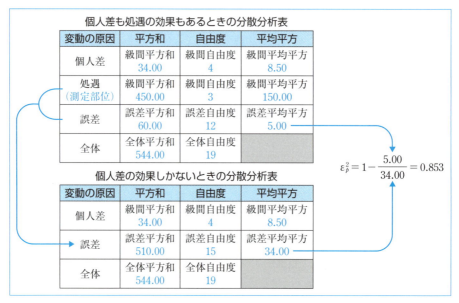

図4-9　自由度調整済み偏決定係数の計算

差も処遇の効果もあるときの誤差平均平方は，5.00です。個人差のみを要因として分散分析を行うと，誤差平均平方は34.00になります。これを図4-8に代入すると，以下の式のようになります。

$$\text{自由度調整済み偏決定係数：} \varepsilon_p^2 = 1 - \frac{5.00}{34.00} = 0.853$$

自由度調整済み偏決定係数の値の大きさも，第3章の3.4.2項の値が目安になります。大きい効果量とされる0.1379を上回っているので，大きな効果量であるといえます。

4.4.3 多重比較

どの水準とどの水準の間に差があるのかを調べるためには，多重比較を行います。分散分析と同じように球面性が仮定できるならば，テューキーのHSD法（第3章参照）を使うことができます。

検定統計量であるq統計量の計算式は図4-10のとおりです。

たとえば図4-4の，④手首の二点閾と，①指先の二点閾の平均値差の有意性を調べるq統計量の値は，手首の二点閾の標本平均が16.0，指先の二点閾の標本平均が3.0，標本サイズがどちらも5，誤差平均平方は表4-2より5.00なので，以下のようになります。

$$q = \left| \frac{(16.0 - 3.0) - 0}{\sqrt{\frac{1}{2} \times \left(\frac{1}{5} + \frac{1}{5}\right) \times 5.00}} \right| = 13.000$$

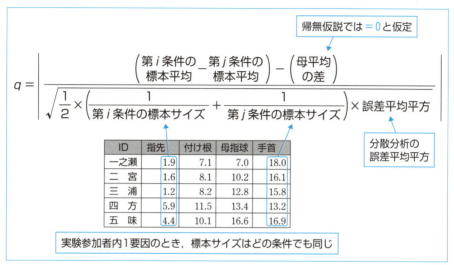

図4-10　テューキーのHSD法の検定統計量

表4-2　分散分析表

変動の原因	平方和	自由度	平均平方	F値	p値	調整済み偏決定係数(ε^2)
個人差	級間平方和 34.00	級間自由度 4	級間平均平方 8.50			
処　遇 (測定部位)	級間平方和 450.00 ÷	級間自由度 3 =	級間平均平方 150.00 ÷	150.00÷5.00 =30.00	<.001	.853
誤　差	誤差平方和 60.00 ÷	誤差自由度 12 =	誤差平均平方 5.00			
全　体	全体平方和 ▶544.00	全体自由度 19				

注：全体平方和は，単なる従属変数の2乗の合計ではなく，そこから全体平均の2乗の合計を引いたもの（図4-7も見てください）。

　条件数が4，誤差自由度が12のスチューデント化範囲分布より，5％水準の棄却域は$q>4.199$です。$q=13.000$は棄却域の値なので，手首の二点閾と指先の二点閾には，5％水準で有意な平均値差があります。コンピュータを使ってp値を計算すると0.0000046で，0.05未満になっています。

　他の水準の間での結果は表4-3を見てください。水準③-①間，④-②間，②-①間の平均値差も5％水準で有意です。

表4-3 条件のペアごとの q 統計量の値（上段）,p 値（中段）,95％信頼区間（下段）

	① 指　先	② 付け根	③ 母指球	④ 手　首
① 指　先		$q_{4,12} = 6.000$ $p = .005$ CI[1.8, 10.2]	$q_{4,12} = 9.000$ $p < .001$ CI[4.8, 13.2]	$q_{4,12} = 13.000$ $p < .001$ CI[8.8, 17.2]
② 付け根			$q_{4,12} = 3.000$ $p = .201$ CI[−1.2, 7.2]	$q_{4,12} = 7.000$ $p = .002$ CI[2.8, 11.2]
③ 母指球				$q_{4,12} = 4.000$ $p = .064$ CI[−0.2, 8.2]
④ 手　首				

● **信頼区間** ● 母平均の差の信頼区間も，第3章の3.4.3と同じ方法で求めることができます。たとえば，④ 手首の二点閾と ② 指先の二点閾の差の95％信頼区間は，以下のようになります。

受容域は $q \leq 4.199$ なので，信頼区間の下限と上限はそれぞれ，下記の方程式を「母平均の差」について解きます。

$$\text{下限}: \frac{(16.0 - 3.0) - \text{母平均の差}}{\sqrt{\frac{1}{2} \times \left(\frac{1}{5} + \frac{1}{5}\right) \times 5.00}} = 4.199$$

$$\text{上限}: -\frac{(16.0 - 3.0) - \text{母平均の差}}{\sqrt{\frac{1}{2} \times \left(\frac{1}{5} + \frac{1}{5}\right) \times 5.00}} = 4.199$$

したがって，手首の二点閾と指先の二点閾の母平均の差の95％信頼区間は，[8.8, 17.2] となります。他の水準間の母平均の差の信頼区間は表4-3を見てください。

4.4.4 レポートの書き方

実験参加者内1要因分散分析の結果を報告するときには，図4-11のように，検定統計量の種類と自由度，検定統計量の値，p 値，標本効果量の値が必要です。結果を報告するときの書き方は，たとえば以下のようになります。

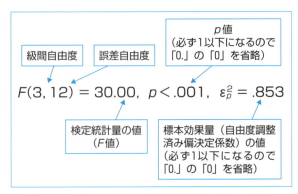

図4-11 実験参加者内1要因分散分析の結果の書き方

> **実験参加者内1要因分散分析の結果の書き方**
>
> 手の4つの部位における触覚二点閾の平均値は，人差し指の指先で最も小さく3.0mmで，次いで人差し指の付け根の6.0mm，母指球の12.0mmの順に小さく，手首では16.0mmと最大であった。実験参加者内1要因分散分析を行ったところ，これらの平均値差は5％水準で有意であった，$F(3, 12) = 30.00$, $p < .001$, $\varepsilon_p^2 = .853$。テューキーのHSD法により多重比較を行ったところ，人差し指の付け根と指先の間，人差し指の指先と母指球の間，人差し指の指先と手首の間，および人差し指の付け根と手首の間の平均値差が，5％水準で有意であった。

4.5 まとめ

本章の実験では，手というごく狭い範囲のなかでも，部位によって触覚の二点閾が異なることを示しました。二点閾は触覚受容器の密度に比例するなど，生理学的なメカニズムも明らかにされてきていますが，それが明らかになったのは，二点閾を心理物理学的測定法で測定できるからです。心理物理学的測定法の歴史は古いですが，今でも，人間について知るために欠かせない方法の一つです。

【文献】

宮岡徹（1994）．触感覚．大山正・今井省吾・和気典二編　新編 感覚・知覚心理学ハンドブック．誠信書房 pp.1226-1237.

重野純（2014）．感情を表現した音声の認知と音響的性質．心理学研究，**74**，540-546.

Weinstein, S.（1968）. Intensive and extensive aspects of tactile sensitivity as function of body part, sex and laterality. In D. R. Kenshalo（Ed.）, *The skin senses*. Springfield：C.C. Thomas. pp.195-222.

4人の大学生に，喜び，悲しみ，恐れの感情を込めてそれぞれ10個ずつの単語を読んで聞かせ，これら30個の単語が，喜び，恐れ，驚き，嫌悪，怒り，悲しみのうち，どの感情で読み上げられているのか，6択で答えてもらいました。表1はその結果[*16]です。それぞれの感情の正答数の平均値は，喜びが9.0，悲しみが7.0，恐れが5.0です。このデータについて，以下の設問に答えてください。

表1：単語を読み上げた感情の正答数
（単位：個）

参加者ID	喜 び	悲しみ	恐 れ
阿 部	10	9	5
馬 場	8	7	6
千 葉	8	6	4
土 井	10	6	5

問1：表単語を読んだ感情を要因，正答数を従属変数として，実験参加者内1要因分散分析を行いたいと思います。表2の分散分析表を完成させてください。自由度は整数で，平均平方とF値は，小数第3位を四捨五入して小数第2位までで答えてください。

表2

変動の原因	平方和	自由度	平均平方	F値
読んだ感情	32.00			
個人差	6.00			
誤 差	6.00			
全 体	44.00	11		

問2：単語を読んだ感情の効果について実験参加者内1要因分散分析を行うとき，用いるF分布の自由度は何ですか。また，F値は何ですか。「F(第1自由度, 第2自由度)＝F値」のかたちで答えてください。

[*16] 重野（2014）を参考に作成した人工データです。

第5章 認知実験（テスト予告が記憶テストに与える影響）——実験参加者間2要因分散分析

5.1 実験の概要

5.1.1 はじめに

　心理学を学び始める前には，心理学を学ぶと，目に見えない他人の心が何でもわかるようになる，と思っていた人もいるのではないでしょうか。でも実際は，目に見える刺激を実験参加者に見せたり聞かせたりして，目に見える反応を測る単純な実験が意外と多くて，驚いたと思います。しかし，これらの目に見える刺激と反応の間には，目に見えない心の働きがあるはずです。この目に見えない心の働きについて，情報処理の過程としてモデル化し，実験やコンピュータ・シミュレーションで積極的にアプローチする心理学のことを，**認知心理学（cognitive psychology）**といいます。

　記憶には，覚えたことを思い出して報告する**再生（recall）**や，目の前に呈示して覚えたものかどうかを見分ける**再認（recognition）**があります。やってみると明らかですが，再生は再認より難しいですね。このことから，再生と再認には，同じ記憶でも違うプロセスがあると考えられます。多鹿（Tajika, 1985）は再生と再認について2つのモデルを挙げ，どちらが正しいかを実験で確かめました。

　一つのモデルは，**再生の2段階説（two-stage theory of recall**, Anderson & Bower, 1972；Kintsch, 1970）です。このモデルでは，再生には，覚えた項目を頭の中で探す段階（探索）と，探索して出てきた項目が覚えたものと合致するかを照らし合わせる段階（照合）があると仮定しています。一方で，再認には探す段階がなく，照合の段階しかないと仮定しています。

　もう一つのモデルは**エピソード説（episodic theory**, Tulving & Thomson, 1973）です。このモデルでは，再生と再認の出来不出来は，覚えるときの文脈に依存すると仮定しています。

　どちらのモデルが正しいかを調べるために，多鹿（Tajika, 1985）は再生テストを行うのか再認テストを行うのかを実験参加者に予告したうえで，単語を記憶させました。

　多鹿（Tajika, 1985）の立てた仮説は次のとおりです。もし，2段階説が正しければ，次のようになるはずだと考えました。再認テストを予告されたのに再生テストを実施された場合，覚

えるときに探索の準備をしていなかったため，再生テストを予告された群より成績が低くなります。一方，再生テストを予告されたのに再認テストを実施された場合，再生テストに向けた覚え方には照合の準備が含まれるので，再認テストを予告された群と成績に差がないはずです。これに対し，もしエピソード説が正しければ，再生テストを予告されて再認テストを実施された場合，再認テストを予告された群より成績が低くなるはずです。どちらのモデルを支持する結果が得られるか，多鹿（Tajika, 1985）の実験[*17]と同じような実験を行ってみましょう。

5.1.2 方法

●**材料**● 本章の実験では，1回の試行につき30個の単語を実験参加者に覚えてもらいます。

練習試行は3回行います。そのため，練習試行用に30個×3回分の90個の単語を選びます。練習試行用の単語は，梅本ら（1955）の無連想価表より，**無連想価（non-association value）** が0〜4％である2音節の単語から選びます。無連想価（第2章の表2-1「連想価」を参照）とは，単語を呈示したときに，一定時間内に実在の単語を連想できなかった人数の割合です。無連想価が0〜4％の単語は，それを見た人の96％以上が何らかの単語を連想したので，他の単語を連想させやすいものといえます。たとえば「アイ」は，「愛」や「藍」を連想させる，無連想価が0〜4％の2音節語です。一方で，「ワユ」は無連想価が高い（連想価が低い）2音節語であり，無連想価が65〜69％です。

本試行は1回だけなので，覚えてもらう単語は30個です。ただし，再認テストでは実験参加者に覚えさせなかった単語も必要なので，これに加えてさらに30個の単語を選びます。本試行では，練習試行より少し難しくして3音節の単語を使います。そのため，本試行用の単語は，小柳ら（1960）の熟知価表より，**熟知価（familiarity value）** が3.50〜4.99である3音節の単語から選びます。熟知価（第2章の表2-1「熟知度」を参照）とは，項目を見聞きする頻度の評定値です。小柳ら（1960）の熟知価は0から5までの値をとり，値が大きいほど見聞きする頻度が高いことを意味します。熟知価が3.50以上の単語は，よく見聞きする単語といえます。たとえば，ツクエ（机）は4.50〜4.99という高い熟知価の3音節語ですが，ユアミ（湯浴み：風呂に入ること）は1.00〜1.49という低い熟知価の3音節語です。熟知価が3.50以上という，よく見聞きする単語を使うことで，特に再認テストにおいて，呈示されなかった単語も，「呈示されたかも」と錯覚することをねらっています。

●**手続き**● この実験には，どの記憶テストを予告するのかと，本試行でどの記憶テストを実施するのかという，2つの要因があります。予告という要因には，再生テストを予告，再認テストを予告，予告なしという3つの水準があり，実施という要因には，再生テストと再認テス

[*17] この実験について日本語で読みたい場合は，多鹿（1989, 1991）などをご覧ください。

トという2つの水準があります[*18]。したがって,この実験には,表5-1のように,3×2の6つの水準があります。どちらの要因も,実験参加者間要因で固定効果要因です。この6条件に実験参加者を無作為に割り当てます。つまり,複数の水準にまたがって割り当てられた人は,誰一人としていません。

予告という要因について,それぞれの水準の実験参加者に呈示する教示の文章は,表5-2のとおりです。再生テストを予告する実験参加者には,教示の後,練習試行として無連想価が0〜4%の2音節語30個を,順に3秒ずつ呈示します。その後,覚えている単語を紙に書き出してもらいます。この練習試行は3回行います。再認テストを予告する実験参加者には,教示の後の練習試行で30個の単語を呈示した後,「このなかで試行中に呈示した単語を書き出してください」というメッセージとともに,呈示した30個を含む60個の単語を,1画面内に同時に呈示します。練習試行は3回行います。予告をしない実験参加者には,教示の後,練習試行を行わず,いきなり本試行を行います。

実施という要因について,再生テストと再認テストを実施する実験参加者には,練習施行と同じ手続きで本試行を行ってもらいます。

実験の後には,実験参加者に実験の目的と意図を説明します。このとき,再生テストを予告したのに本試行で再認テストを実施した群,および再認テストを予告したのに本試行で再生テストを実施した群の実験参加者には,実際の手続きと違う教示を行ったことのお詫びもします。

5.1.3 データの例

18人の大学生を対象にこの実験を行い,本試行で呈示した30個の単語のうち,正しく覚えていたことを報告できた数が,表5-3のようになったとします。平均値は表5-4および図5-1のようになります。

表5-1 本章の要因

要因A \ 要因B	実施	
	再生実施	再認実施
予告 / 再生予告	再生テストを行うと教示され,再生テストを行う群。	再生テストを行うと教示されたけれども,再認テストを行う群。
予告 / 再認予告	再認テストを行うと教示されたけれども,再生テストを行う群。	再認テストを行うと教示され,再認テストを行う群。
予告 / 予告なし	どちらのテストを行うか予告なく,再生テストを行う群。	どちらのテストを行うか予告なく,再認テストを行う群。

表5-2 予告で用いる教示

予告	教示
再生予告	これから呈示される単語を記憶してもらいます。すべての単語が呈示された後,覚えているものをすべて書き出してください。
再認予告	これから呈示される単語を記憶してもらいます。すべての単語が呈示された後,画面に表示される単語のなかから,呈示した単語を選んでください。
予告なし	これから呈示される単語を記憶してください。

---

*18 多鹿(Tajika, 1985)はそれぞれの要因の水準に,手がかり再生テストを予告する条件,本試行で手がかり再生テストを実施する条件を加えた,3×4 = 12条件で実験しています。

表5-3 記憶テストの正答数

群	ID	予告	実施	正答数
再生予告・再生実施群	一 井	再生予告	再生実施	17
	二 川	再生予告	再生実施	18
	三 上	再生予告	再生実施	22
再生予告・再認実施群	一之瀬	再生予告	再認実施	17
	二 瓶	再生予告	再認実施	18
	三 輪	再生予告	再認実施	25
再認予告・再生実施群	一 条	再認予告	再生実施	4
	二 見	再認予告	再生実施	11
	三 木	再認予告	再生実施	12
再認予告・再認実施群	一 柳	再認予告	再認実施	26
	二階堂	再認予告	再認実施	28
	三 宅	再認予告	再認実施	30
予告なし・再生実施群	一 戸	予告なし	再生実施	4
	二 村	予告なし	再生実施	8
	三 浦	予告なし	再生実施	12
予告なし・再認実施群	一 色	予告なし	再認実施	21
	二 宮	予告なし	再認実施	25
	三 好	予告なし	再認実施	26

表5-4 記憶テスト正答数の平均値

	要因B	実 施		周辺平均
要因A		再生実施	再認実施	
予告	再生予告	19.0	20.0	19.5
	再認予告	9.0	28.0	18.5
	予告なし	8.0	24.0	16.0
周辺平均		12.0	24.0	18.0

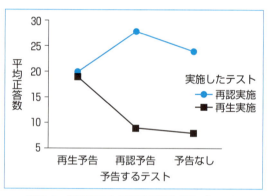

図5-1 記憶テスト正答数の平均値のプロット

5.2 倫理的配慮

　心理学では，人間を対象とする実験を多く行います。このとき，実験参加者の基本的人権を侵さないためにも，倫理的な配慮が必要です。また，心理学では動物を対象とする実験もしばしば行いますが，人間と違って言葉で意思表示できない動物に対しても，人間同様の倫理的配慮が求められます。ここでは，特に人間を対象とする心理学の実験で求められる倫理的配慮を，いくつか紹介します。

5.2.1 説明と同意（インフォームド・コンセント）

心理学の実験では，説明と同意（インフォームド・コンセント：informed consent）が必要です。すなわち，研究過程だけでなく，研究成果の公表方法，研究終了後の対応についても，研究を始める前に十分に説明し，理解されたことを確認したうえで，原則として文書で同意を得なければなりません。子どもなど，自由意思による参加の判断が不可能な場合には，保護者などの代諾者から文書で同意を得ます。

事前に同意を得るだけでなく，実験参加者は研究途中でも自由に中断したり，参加を取りやめたりすることができます。このことも，実験参加者に事前に知らせなければなりません。

事前にすべての情報を開示できない場合には，事後に情報を開示するとともに，開示しなかった理由も十分に説明します。今回の実験では，再生テストを予告したけれども再認テストを実施した群と，再認テストを予告したけれども再生テストを実施した群について，結果的に事実と異なる教示を行ったことになります。しかし，最初から実験の目的を明かしてしまうと，この実験は成り立ちません。このように，研究の本来の目的を隠したり，偽りの目的を実験参加者に伝えたりすることを，虚偽教示（deception）またはディセプションといいます。虚偽教示で，実験参加者に伝える偽りの実験目的を，カバーストーリー（cover story）といいます。カバーとは本の表紙のことです。

実験の後，実験参加者には実験の真の目的や主旨を説明します。これを事後説明（debriefing）またはデブリーフィングといいます。しかし，虚偽教示を用いるかどうかにかかわらず，実験参加者には実験の目的や意図を十分に説明しましょう。特に虚偽教示を用いたときには，ていねいに事後説明する必要があります。

5.2.2 守秘義務

実験参加者から文書で同意を得るとき，住所，電話番号，メールアドレスも尋ねたくなってしまうかもしれません。また，心の働きの仕組みをくわしく知ることができるように，個人についてさまざまな情報を集めたくなるかもしれません。しかし，研究に必要なものを超えて集める個人情報の量や範囲を，むやみに広げてはいけません。

とはいえ，実験の日時を調整するために実験参加者の連絡先が必要になることもあれば，独立変数として年齢や性別が必要になることもあります。個人情報に限らず，実験参加者についての情報は，他人に漏れないように厳重に管理してください。もちろん，それらの情報を目的以外に使ってはいけません。また，必要なくなったら，速やかに破棄してください。

研究結果を公表するときにも，実験参加者個人が特定されないように気をつけてください。

5.2.3 権利・福祉の尊重

心の問題にかかわる実験をしたいとき，実験参加者に不快なことを尋ねたり，させたりした

くなるかもしれません。しかし、そのせいで実験参加者が心を病んでしまったり、対人関係上の問題が生じたりしてしまったとしたら、責任を取れるでしょうか。そこまで至らなくても、実験参加者に心理的・身体的な危害を加えることをしてはいけません。動物が対象の実験であっても、動物の福祉を軽視したり、必要以上の苦痛を与えたりしてはいけません。

5.3 交互作用と主効果

本章の実験には、予告するテストと、本試行で実際に実施するテストという、2つの要因があります。要因が2つあるとき、群の母平均に差を生む効果があるかどうかを、それぞれの要因について調べることができます。それだけではなく、2つの要因で分けたとき、それぞれのセルの標本サイズが2以上ならば、2つの要因を組み合わせたことによる効果も調べることができます[*19]。

表5-4を見てください。予告するテストが再生テスト（再生予告）のとき、正答数の標本平均が19.5で、再認予告（18.5）や予告なし（16.0）より高くなっています。また、実施したテストが再認テスト（再認実施）のとき、標本平均が24.0で、再生実施（12.0）より高くなっています。それでは、再生テストを予告し再認テストを実施すると、正答数の平均値は最も高くなるのでしょうか。そんなことはなく、再生予告・再認実施の標本平均は20.0にとどまり、思ったほど高くなっていません。それどころか、再認予告・再認実施（28.0）より低くなっています。

もし2つの要因を組み合わせたときに、組み合わせによる効果がなければ、標本平均の値を図示すると図5-2の破線[*20]のように平行になるはずです。しかし、実際の標本平均の値は、図5-2の実線のように平行線から上下にずれています。このような要因を組み合わせたことで平均に差を生む効果のことを、**交互作用効果（interaction effect）**または単に**交互作用（interaction）**といいます。これに対し、それぞれの要因が単独で平均に差を生む効果のことを、**主効果（main effect）**といい

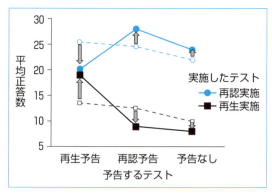

図5-2 交互作用

---

*19 第4章で、実験参加者内1要因の分散分析が、じつは「個人差」という変量効果要因を加えた2要因の分散分析であることを説明しました。しかし、「個人差」という要因を加えると、セルの標本サイズは1ずつになってしまいます（この状態を「繰り返しがない」といいます）。そのため、実験参加者内1要因の分散分析では、実験の要因と「個人差」という要因の交互作用を調べることができません。

*20 ちなみに、図5-2の青の破線（再認実施）の各点は左から25.5、24.5、22.0で、黒の破線（再生実施）の各点は左から13.5、12.5、10.0です。これらの値は、後で出てくる図5-3の①+②+③として計算したものです。

ます。2要因の分散分析では，それぞれの要因の主効果2つと，要因を組み合わせた交互作用について，それぞれ効果があるかどうかを調べます。

5.4 実験参加者間2要因分散分析

第4章では，一方が固定効果要因，他方が変量効果要因で，セルの標本サイズがすべて1のときの2要因分散分析を説明しました。本章では，2つとも固定効果要因で，セルの標本サイズがすべて2以上のときの2要因分散分析を説明します。このような実験計画を，完全無作為化要因計画（completely randomized factorial design）といいます。本章の実験のように，水準が3つの要因と2つの要因がある完全無作為化要因計画を，「CRF-32」と表記することがあります。

実験参加者間2要因分散分析でも，対応のないt検定や実験参加者間1要因分散分析と同じく，すべての群（ここでは，3×2＝6群）で母分散が等しいことを前提としています。また，ここから先の計算は，すべての群で標本サイズが同じ場合のものです。群によって標本サイズが違う場合については，後ほど説明します。

5.4.1 分散分析

実験参加者間1要因分散分析（第3章）では，従属変数を以下のように分解しました。

> 従属変数 ＝ 全体平均＋処遇の効果＋誤差

実験参加者間2要因の分散分析では，以下のように分解します。

> 従属変数 ＝ 全体平均
> 　　　　＋要因Aの処遇の主効果＋要因Bの処遇の主効果
> 　　　　＋要因Aの処遇と要因Bの処遇の交互作用効果＋誤差

本章の例の場合，従属変数は正答数，要因Aの処遇はどのテストを予告するか，要因Bの処遇はどのテストを実施して従属変数を測るかです。

たとえば，再生テストを予告し再認テストを実施した一之瀬さんの正答数を分解すると，図5-3のようになります。正答数を分解した結果を全員分まとめると，図5-4および図5-5のようになります。

● **処遇の効果** ● たとえば，再生テストを予告した実験参加者（一井さんから三輪さんまでの6人）の正答数の標本平均は19.5で，全体平均の18.0より1.5高くなっています。すなわち，再

生テストを予告するという処遇を行ったら，正答数を全体平均より1.5押し上げる効果があったということです（図5-3の②）。

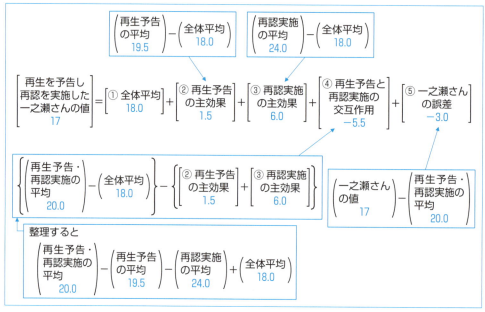

図5-3　一之瀬さんの従属変数の値の分解

予告の処遇	実施の処遇	ID	正答数		全体平均		予告の主効果		実施の主効果		交互作用		誤差
再生予告	再生実施	一 井	17		18.0		1.5		−6.0		5.5		−2.0
		二 川	18		18.0		1.5		−6.0		5.5		−1.0
		三 上	22		18.0		1.5		−6.0		5.5		3.0
	再認実施	一之瀬	17		18.0		1.5		6.0		−5.5		−3.0
		二 瓶	18		18.0		1.5		6.0		−5.5		−2.0
		三 輪	25		18.0		1.5		6.0		−5.5		5.0
再認予告	再生実施	一 条	4		18.0		0.5		−6.0		−3.5		−5.0
		二 見	11		18.0		0.5		−6.0		−3.5		2.0
		三 木	12	=	18.0	+	0.5	+	−6.0	+	−3.5	+	3.0
	再認実施	一 柳	26		18.0		0.5		6.0		3.5		−2.0
		二階堂	28		18.0		0.5		6.0		3.5		0.0
		三 宅	30		18.0		0.5		6.0		3.5		2.0
予告なし	再生実施	一 戸	4		18.0		−2.0		−6.0		−2.0		−4.0
		二 村	8		18.0		−2.0		−6.0		−2.0		0.0
		三 浦	12		18.0		−2.0		−6.0		−2.0		4.0
	再認実施	一 色	21		18.0		−2.0		6.0		2.0		−3.0
		二 宮	25		18.0		−2.0		6.0		2.0		1.0
		三 好	26		18.0		−2.0		6.0		2.0		2.0
2乗の合計			6942	=	5832	+	39	+	648	+	279	+	144

図5-4　全員の従属変数の値の分解

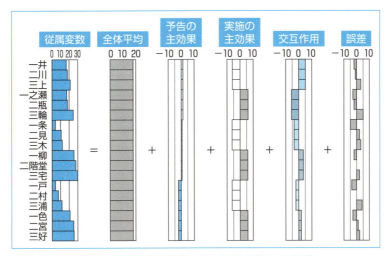

図5-5　全員の従属変数の値の分解（グラフで表現）

　また，本試行後に再認テストを実施した実験参加者（一之瀬さんたち9人）の標本平均は24.0で，全体平均より6.0高くなっています。すなわち，再認テストを実施するという処遇を行ったら，正答数を全体平均より6.0押し上げる効果があったということです（図5-3の③）。

　それでは，再生テストを予告し再認テストを実施すると，標本平均は全体平均より1.5＋6.0＝7.5高くなっているでしょうか。実際には，再生テストを予告し再認テストを実施した3人の正答数の標本平均は20.0で，全体平均より2.0しか高くなっていません。この，2.0－(1.5＋6.0)＝－5.5という差は，再生テストの予告と再認テストの実施を組み合わせた効果です。つまり，再生テストの予告と再認テストの実施を組み合わせると，それぞれの処遇の単独の効果に加え，正答数を5.5押し下げる効果が生まれてしまっています（図5-3の④）。

　以上より，たとえば，再生テストを予告し再認テストを実施した一之瀬さんの正答数を，全体平均，それぞれの処遇の主効果，交互作用効果，誤差に分解すると，7＝18.0＋1.5＋6.0－5.5－3.0になります。

●**級間平方和**●　予告したテストの違い，実施したテストの違い，そしてそれらの組み合わせには，従属変数をバラつかせる影響力がどれくらいあるでしょうか。それを評価するために，1要因の分散分析と同じように，処遇の効果の値を2乗して足し合わせます。図5-4より，それぞれの効果の級間平方和は次のようになります。

$$\text{予告の主効果の平方和} = 6 \times (19.5 - 18.0)^2 + 6 \times (18.5 - 18.0)^2 + 6 \times (16.0 - 18.0)^2 = 39.0$$

$$\text{実施の主効果の平方和} = 9 \times (12.0 - 18.0)^2 + 9 \times (24.0 - 18.0)^2 = 648.0$$

> 交互作用効果の平方和
> $= 3 \times \{(19.0-18.0)-(1.5-6.0)\}^2 + 3 \times \{(20.0-18.0)-(1.5+6.0)\}^2$
> $\quad + 3 \times \{(9.0-18.0)-(0.5-6.0)\}^2 + 3 \times \{(28.0-18.0)-(0.5+6.0)\}^2$
> $\quad + 3 \times \{(8.0-18.0)-(-2.0-6.0)\}^2 + 3 \times \{(24.0-18.0)-(-2.0+6.0)\}^2$
> $= 279.0$

● **誤差平方和** ● 誤差（個人差）が従属変数をバラつかせる影響力の強さを評価する誤差平方和は，実験参加者間1要因の分散分析と同じように，実験参加者一人ひとりの値が，割り当てられた群の平均からどれくらい離れているか（図5-3の⑤）を2乗して足したものです。実際に計算すると，次のようになります（図5-4）。

> 誤差平方和 $= (17-19.0)^2 + (18-19.0)^2 + \cdots + (26-24.0)^2$
> $\qquad\qquad = 144.0$

● **自由度と平均平方** ● 1要因の分散分析では，平方和を自由度で割り，平均平方を求め，級間平均平方と誤差平均平方を比べました。2要因の分散分析でも，級間平均平方を誤差平均平方と比べて，要因が従属変数をバラつかせる影響力の強さを評価します。

主効果の級間自由度は（水準数−1）です。予告という要因の水準は3つなので，予告の主効果の級間自由度は（3−1）＝2です。実施という要因の水準は2つなので，実施の主効果の級間自由度は（2−1）＝1です。

交互作用効果の級間自由度は（要因Aの水準数−1）×（要因Bの水準数−1）です。本章の実験では（3−1）×（2−1）＝2になります。

誤差自由度は，各群の（標本サイズ−1）を足し合わせたものです。本章の実験では，6つの群すべてに3人ずつが参加しているので，誤差自由度は（3−1）＋…＋（3−1）＝12です。全標本サイズ−全水準数（本章の例の場合は18−3×2＝12）としても求められます。

これらより，平方和を自由度で割った平均平方は以下のようになります。

> 予告の主効果の級間平均平方 $= 39.0 \div 2 = 19.5$
> 実施の主効果の級間平均平方 $= 648.0 \div 1 = 648.0$
> 交互作用効果の級間平均平方 $= 279.0 \div 2 = 139.5$
> 誤差平均平方 $= 144.0 \div 12 = 12.0$

● **F統計量** ● 実験参加者間2要因分散分析では3つの検定を行います。すなわち，要因Aの主

効果についての検定，要因Bの主効果についての検定，要因Aと要因Bの交互作用についての検定です。

統計分析ソフトウェアの多くは，表5-5のように，主効果，交互作用の順に結果を出力します。しかし，有意な交互作用があると，主効果を足し合わせても従属変数の高低を予測できなくなるので，主効果にあまり積極的な意味がなくなってしまいます。したがって，まず交互作用の検定から行います。表5-5を見つつ，理解してください。

表5-5 分散分析表

変動の原因	平方和	自由度	平均平方	F値	p値	調整済み偏決定係数(ε_p^2)
要因A（予告）の主効果	級間平方和 39.00 ÷	級間自由度 2 =	級間平均平方 19.50	19.50÷12.00 = 1.63	.238	1−12.00÷13.07 = .082
要因B（実施）の主効果	級間平方和 648.00 ÷	級間自由度 1 =	級間平均平方 648.00	648.00÷12.00 = 54.00	<.001	1−12.00÷60.92 = .803
（予告と実施の）交互作用	級間平方和 279.00 ÷	級間自由度 2 =	級間平均平方 139.50	139.50÷12.00 = 11.63	.002	1−12.00÷30.21 = .603
誤差（個人差）	誤差平方和 144.00 ÷	誤差自由度 12 =	誤差平均平方 12.00			
全　体	全体平方和 1110.00	全体自由度 17				

注：全体平方和は，単なる従属変数の2乗の合計ではなく，そこから全体平均の2乗の合計を引いたもの（図5-4も見てください）。

変動の原因	誤差平方和	誤差自由度	誤差平均平方
要因A（予告）の主効果がない分散分析の誤差	144.00+39.00 = 183.00 ÷	12+2 = 14 =	13.07
要因B（実施）の主効果がない分散分析の誤差	144.00+648.00 = 792.00 ÷	12+1 = 13 =	60.92
（予告と実施の）交互作用がない分散分析の誤差	144.00+279.00 = 423.00 ÷	12+2 = 14 =	30.21

【交互作用の検定】

交互作用の検定の帰無仮説は，「母集団において要因Aと要因Bの交互作用がない」です。言い換えると，「母集団において，要因Aと要因Bを組み合わせたとき，それぞれの水準の平均は，全体平均＋要因Aの処遇の主効果＋要因Bの処遇の主効果になっている」です。もし帰無仮説が正しければ，交互作用の級間平方和はあまり大きくないはずです。そこで，他の分散分析と同じように，級間平方和を級間自由度で割った級間平均平方と，誤差平方和を誤差自由度で割った誤差平均平方とを比べます。

本章のデータの場合，交互作用の級間平均平方は139.5で，誤差平均平方は12.0です。級間平均平方を誤差平均平方で割ってF統計量の値（F値）を求めると，$139.5 \div 12.0 = 11.63$です。帰無仮説が正しければ，F統計量は，第1自由度が級間自由度，第2自由度が誤差自由度であるF分布に従うはずです。第1自由度が2，第2自由度が12のF分布では，$F=11.63$ならばp値は

0.002になります。有意水準の0.05より小さいので，F値は有意水準が5％の場合の棄却域にあります。

【要因Aの主効果の検定】

　要因Aの主効果についての検定の帰無仮説は，「母集団において要因Aの主効果がない」です。すなわち「要因Aのどの条件の処遇を行っても，それだけでは母平均は変わらない」です。もし帰無仮説が正しければ，要因Aの主効果の級間平方和は，あまり大きくなりません。要因Aの主効果の検定でも，交互作用の検定と同じように，級間平均平方と誤差平均平方とを比べます。

　本章のデータの場合，予告の主効果の級間平均平方は19.5です。誤差平均平方は，交互作用の検定と同じ12.0です。予告の主効果の級間平均平方を誤差平均平方で割って，F統計量の値（F値）を求めると，19.5÷12.0 = 1.63です。帰無仮説が正しければ，F統計量は，第1自由度が級間自由度，第2自由度が誤差自由度であるF分布に従うはずです。第1自由度が2，第2自由度が12のF分布では，F = 1.63ならばp値は0.238になります。有意水準の0.05より大きいので，F値は有意水準が5％の場合の受容域にあります。

【要因Bの主効果の検定】

　行うことは要因Aの主効果の検定と同じです。本章のデータの場合，実施の主効果の級間平均平方は648.0です。誤差平方和，誤差自由度，誤差平均平方は，交互作用の検定や要因Aの主効果の検定と同じものを使います。つまり，実験参加者間2要因の分散分析では，3つの検定で同じ誤差平方和，誤差自由度，誤差平均平方を使います。したがって，誤差平均平方は12.0です。F値を求めると，648.0÷12.0 = 54.0です。第1自由度が1，第2自由度が12のF分布では，F = 54.0ならばp値は0.00000887です。0.05より小さいので，F値は有意水準が5％の場合の棄却域にあります。

5.4.2　効果量

　実験参加者間2要因分散分析では，2つの要因の主効果と交互作用の，計3つの効果を検定しました。効果量も，この3つの効果について計算できます。第4章の実験参加者内1要因分散分析と同じように，自由度調整済み偏決定係数（図5-6）を計算してみましょう。

●**交互作用効果の効果量**●　まず，図5-6の分子の「すべての効果があるときの誤差平均平方」を求めます。これはつまり，ふつうに分散分析をしたときの誤差平均平方のことです。その値は，表5-5より12.00です。

　次に，図5-6の分母の「興味ある効果がない分散分析の誤差平均平方」を求めます。今「興味ある効果」とは交互作用効果のことです。そこで「交互作用効果がない分散分析の誤差平均平方」を求めます。といっても，交互作用効果がない分散分析を新たにし直す必要はありません。じつは，以下の式で求めることができます[*21]。

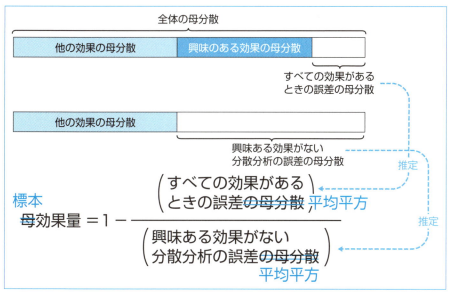

図5-6 実験参加者間2要因のときの母効果量と標本効果量（自由度調整済み偏決定係数）

$$\text{交互作用効果がない分散分析の誤差平均平方} = \frac{\text{誤差平方和}+\text{交互作用効果の級間平方和}}{\text{誤差自由度}+\text{交互作用効果の級間自由度}}$$

表5-5より，誤差平方和が144.00，交互作用効果の級間平方和が279.00，誤差自由度が12，交互作用効果の級間自由度が2なので，交互作用効果がない分散分析の誤差平均平方は次のようになります。

$$\text{交互作用効果がない分散分析の誤差平均平方} = \frac{144.00 + 279.00}{12 + 2} = 30.21$$

一般に「興味ある効果がない分散分析の誤差平均平方」は，すべての群で標本サイズが等しければ，次の式で求められます。

$$\text{興味ある効果がない分散分析の誤差平均平方} = \frac{\text{誤差平方和}+\text{興味ある効果の級間平方和}}{\text{誤差自由度}+\text{興味ある効果の級間自由度}}$$

[*21] ただし，すべての群で標本サイズが等しいときに限ります。

最後に，「すべての効果があるときの誤差平均平方」である12.00と，「交互作用効果がない分散分析の誤差平均平方」である30.21を図5-6に代入すると，交互作用効果の自由度調整済み偏決定係数は次のようになります。

$$\text{交互作用効果の調整済み偏決定係数} \varepsilon_p^2 = 1 - \frac{12.00}{30.21} = 0.603$$

第3章の3.4.2項の値を目安にすると，大きな効果量とされる0.1379よりもさらに大きな値となっています。したがって，交互作用効果の効果量は大きいといえます。

● **予告の主効果の効果量** ●　「予告の主効果がない分散分析の誤差平均平方」は，以下のとおり13.07です。

$$\text{予告の主効果がない分散分析の誤差平均平方} = \frac{144.00 + 39.00}{12 + 2} = 13.07$$

すべての効果があるときの誤差平均平方は12.00です。したがって，予告の主効果の自由度調整済み偏決定係数の値は，以下となります。

$$\text{予告の主効果の調整済み偏決定係数} \varepsilon_p^2 = 1 - \frac{12.00}{13.07} = 0.082$$

第3.4.2項の値を目安にすると，0.0588が中程度の効果量とされています。したがって，予告の主効果の効果量は，中程度よりやや大きいといえます。

● **実施の主効果の効果量** ●　「実施の主効果がない分散分析の誤差平均平方」は，以下のとおり60.92です。

$$\text{実施の主効果がない分散分析の誤差平均平方} = \frac{144.00 + 648.00}{12 + 1} = 60.92$$

すべての効果があるときの誤差平均平方は12.00です。したがって，実施の主効果の自由度調整済み偏決定係数の値は以下となります。

$$\text{実施の主効果の調整済み偏決定係数} \varepsilon_p^2 = 1 - \frac{12.00}{60.92} = 0.803$$

大きな効果量とされる0.1379より大きいので，実施の主効果の効果量は大きいといえます。

5.4.3 単純主効果の検定

交互作用があるということは，一方の要因の水準ごとに，他方の要因の効果が違ってくることを意味します（図5-7）。この，一方の要因の水準別に見た他方の要因の効果を，**単純効果（simple effect）**といいます。2要因の分散分析では，一方の要因の水準で場合分けすると，残る要因は1つだけになります。要因が1つだけならその効果は主効果なので，2要因の分散分析における単純効果は，**単純主効果（simple main effect）**ともいいます[*22]。要因が3つ以上あると，1つの要因の水準で場合分けした残りの2つ以上の要因の交互作用である，**単純交互作用効果（simple interaction effect）**というものも出てきます。

2要因の分散分析で交互作用が有意だったとき，単純主効果の検定を行います。そして，単純主効果が有意だったときには，その単純主効果について多重比較を行います。2要因の分散分析で交互作用が有意でなかった場合，主効果を見て，有意な主効果があった場合には，それ

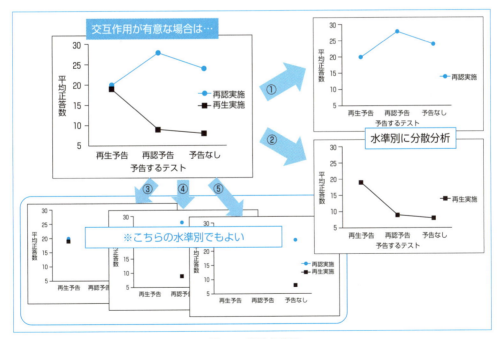

図5-7 単純主効果

---

*22 したがって単純主効果とは，「単なる主効果」のことではありません。

について多重比較を行います。まとめると図5-8のようになります。図5-8には，表5-4のどこのセルの平均値（の背後にある母平均）に着目しているのかを，合わせて示しています。

　単純効果の検定は，1つの要因の水準別に行う他の要因の効果についての分散分析です。ただし，実験参加者間2要因分散分析では，すべての群で母分散が等しいことを前提としているので，母分散の推定量である誤差平均平方の値が，水準によって別々になってしまうのは不自然です[*23]。そこで，実験参加者間2要因分散分析の単純主効果の検定では，誤差平均平方として，誤差平均平方を誤差自由度で重みづけ平均したものを使います。このとき，誤差自由度は，重みづけ平均の分母，すなわち誤差自由度の合計になります。このような誤差平均平方や誤差

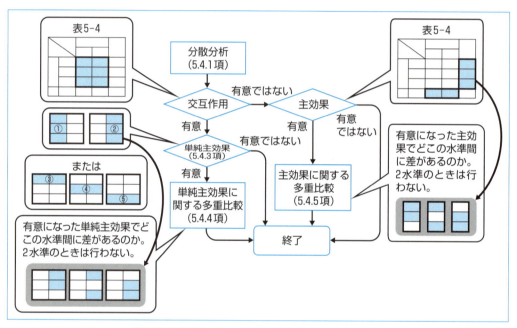

図5-8　実験参加者間2要因分散分析のフローチャート

質問コーナー

交互作用が有意だったとき，主効果の有意性は見なくてもいいのですか？

　そうとは限りません。たしかに有意な交互作用があると，主効果を足し合わせただけでは従属変数の高低を予測できません。でも，たとえ交互作用が有意でも，主効果に意味がある場合もあります。
　たとえば，この実験のデータの場合，予告の主効果が有意でなかったので，どのテストを行うのか予告しただけではあまり正答数に影響がない（実施と組み合わせることで影響が生まれる）ことがわかります。実施の主効果が有意だったので，再生テストより再認テストのほうがやはり易しいことがわかります。これらは，主効果の有意性を見て，はじめてわかることです。

[*23]　誤差平均平方を重みづけ平均せず，それぞれの水準で普通に分散分析してしまう方法は，水準別誤差項（individual error term）を用いた方法といいます。

自由度を，**プールされた誤差項（pooled error term）**といいます（図5-9）。実験参加者間2要因の場合，単純主効果の検定で使うプールされた誤差項，すなわちプールされた誤差平均平方と誤差自由度は，じつは2要因分散分析で使った誤差平均平方および誤差自由度と同じです。

本章のデータを使って，単純主効果の検定を行ってみましょう。単純主効果の検定は，実施という要因の水準別に，予告という要因の単純主効果を検定しても，反対に予告という要因の水準別に，実施という要因の単純主効果を検定してもかまいません。ここでは実施の水準別に，予告の単純主効果を検定してみます。

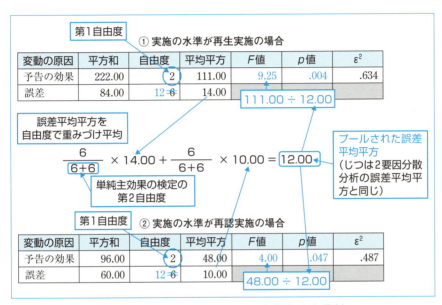

図5-9 単純主効果の検定（実施の水準別に行う場合）

●**単純主効果の検定の計算例**● 図5-9を見てください。まず，実施が再生実施の場合の予告の単純主効果（図5-7や図5-8での①に相当）です。級間平均平方は111.00です。誤差平均平方はプールされた誤差平均平方である12.00とします。F値は9.25になります。第1自由度が2，第2自由度が6+6=12であるF分布では，$F=9.25$ならばp値が0.004になります。0.05未満なので，実施が再生の場合の予告の単純主効果は，5％水準で有意です[*24]。

次に，実施が再認実施の場合の予告の単純主効果です（図5-7と図5-8の②）。F値は4.00で，第1自由度が2，第2自由度が12のF分布より，p値は0.047です。0.05未満なので，実施が再認の場合の予告の単純主効果も，5％水準で有意です。

---

*24 単純主効果の検定ではプールされた誤差項を使うと，自由度調整済み偏決定係数を計算できません。そのため，効果量は水準別誤差項を使って（つまり，ふつうの実験参加者間1要因分散分析のときの式で）計算しています。具体的には，誤差平均平方を12.00ではなく14.00や10.00とし，誤差自由度を6として，

$$1 - \frac{\text{誤差平均平方}}{\frac{\text{誤差平方和}+\text{級間平方和}}{\text{誤差自由度}+\text{級間自由度}}}$$

を計算しています。

5.4.4 単純主効果に関する多重比較

有意な単純主効果があるとき，それについて多重比較を行います。図5-9より，本章のデータでは，実施が再生実施の場合も再認実施の場合も，予告の単純主効果が有意です。これらについて多重比較を行います。

テューキーのHSD法（第3章）を使って多重比較を行う場合，検定統計量は図5-10（a）の q です。ただし，誤差平均平方および誤差自由度に，プールされた誤差項を用います。たとえば，実施が再認実施の場合（図5-7と図5-8における②）に，予告が再生予告の条件と再認予告の条件の間で q 統計量の値を計算すると，再生予告・再認実施の3人の標本平均が20.0，再認予告・再認実施の3人の標本平均が28.0，単純主効果の検定で用いたプールされた誤差平均平方が図5-9より12.00なので，次のようになります。

$$q = \left| \frac{(20.0 - 28.0) - 0}{\sqrt{\frac{1}{2} \times \left(\frac{1}{3} + \frac{1}{3}\right) \times 12.00}} \right| = 4.000$$

棄却域や p 値の計算には，群の数が3，誤差自由度が12のスチューデント化範囲分布を用います。

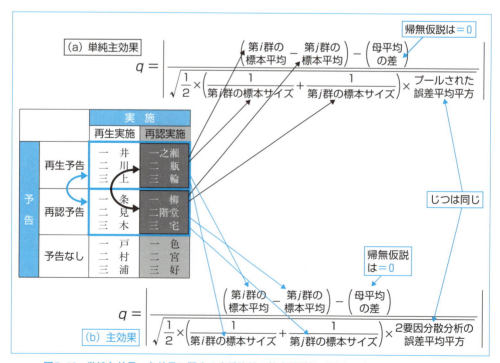

図5-10 単純主効果・主効果に関する多重比較の検定統計量（再生予告と再認予告の比較）

単純主効果に関する多重比較の結果は，表5-6を見てください。実施が再生実施の場合（図5-7と図5-8における①）には，予告が再生予告の条件と再認予告の条件の間，および予告が再生予告の条件と予告なしの条件の間に，5％水準で有意な平均値差があります。実施が再認実施の場合（図5-7と図5-8における②）には，予告が再生予告の条件と再認予告の条件の間でだけ，5％水準で有意な平均値差があります。

表5-6 単純主効果に関する多重比較（実施の水準別に行う場合）

① 実施の水準が再生実施の場合

予告の水準	再生予告	再認予告	予告なし
再生予告		$q_{3,12}=5.000$ $p=.011$	$q_{3,12}=5.500$ $p=.006$
再認予告			$q_{3,12}=0.500$ $p=.934$
予告なし			

② 実施の水準が再認実施の場合

予告の水準	再生予告	再認予告	予告なし
再生予告		$q_{3,12}=4.000$ $p=.038$	$q_{3,12}=2.000$ $p=.365$
再認予告			$q_{3,12}=2.000$ $p=.365$
予告なし			

5.4.5 主効果に関する多重比較

図5-8のフローチャートを見てください。分散分析で交互作用が有意でなかったとき，主効果の有意性を調べます。さらに，主効果が有意な要因に水準が3つ以上ある場合には，どの水準間に有意な平均値差があるのか，多重比較を行います。

本章の例では，水準が3つある予告の主効果が有意ではありません。したがって，予告要因の主効果の多重比較を行う必要はありませんが，計算例を示します。

予告が再生予告の条件と再認予告の条件の間で平均値差の有意性を調べてみましょう。再生テストを予告した6人の標本平均が19.5，再認テストを予告した6人の標本平均が18.5，誤差平均平方が12.00なので，図5-10（b）より，q統計量の値は次のようになります。

$$q = \left| \frac{(19.5 - 18.5) - 0}{\sqrt{\frac{1}{2} \times \left(\frac{1}{6} + \frac{1}{6}\right) \times 12.00}} \right| = 0.707$$

平均値数が3，自由度が12のスチューデント化範囲分布より，p値は0.873です。他の条件間のq統計量の値やp値は，表5-7を見てください。このデータでは，予告のどの条件の間の差も5％水準で有意ではありません。

5.4.6 群ごとの標本サイズが異なる場合

ここまでの計算は，すべての群で標本サイズが等しい場合の話でした。実際の実験では標本サイズがそろわないことはしばしばです。標本サイズが異なっても，同様に平均平方の比（F

表5-7 予告の主効果に関する多重比較

実施の水準が再生実施の場合

予告の水準	再生予告	再認予告	予告なし
再生予告		$q_{3, 12} = 0.707$ $p = .873$	$q_{3, 12} = 2.475$ $p = .228$
再認予告			$q_{3, 12} = 1.768$ $p = .448$
予告なし			

値）を求めて主効果や交互作用効果の有意性を調べます。ただし，級間平方和の計算方法が異なります。標本サイズが等しくない場合の級間平方和の計算方法は複数提案されていますが，**タイプⅢの平方和（Type Ⅲ sum of squares）** を使うことが多いです[*25]。計算方法が難しいですが，詳しく知りたい場合には，前川（2008），高橋ら（1989）などを参照してください。

5.4.7　レポートの書き方

実験参加者間2要因分散分析の結果を報告するとき，2つの主効果と交互作用効果について，検定統計量の種類と自由度，検定統計量の値，p値，効果量を報告します。表5-5のような分

質問コーナー

タイプⅢということは，タイプⅠやタイプⅡの平方和というものもあるのですか？

　タイプⅠの平方和は，すべての効果と誤差の平方和を合計すると，全体平方和に一致するという特長があります。しかし，要因の順番が変わると，級間平方和の値が違ってきてしまうのが欠点です。たとえば本書の例で，もし標本サイズが異なる場合，予告の主効果のタイプⅠの平方和を実施の主効果より後に計算すると，実施の主効果の前に計算したときと違う値になってしまいます。

　タイプⅡの平方和は，標本サイズが異なると，合計しても全体平方和に一致しません。しかし，要因の順番が変わっても，級間平方和の値は変化しません。本書の例でいえば，予告の主効果の級間平方和を，実施の主効果より先に計算しても後に計算しても，タイプⅡの平方和は同じ値になります。

　タイプⅢの平方和も，要因の順番に影響されません。タイプⅡとの違いは，タイプⅡの平方和が主効果を交互作用より優先して計算しているのに対し，タイプⅢでは主効果と交互作用を対等に扱っていることです。タイプⅡとタイプⅢのどちらを使うべきか議論が分かれていますが，効果量に自由度調整済み偏決定係数を使うならば，タイプⅢの平方和を使うのがよいでしょう。

　これらに加え，要因を組み合わせたときに標本サイズが0になってしまう群がある場合のための，タイプⅣの平方和というものもあります。なお，標本サイズがすべての群で等しい場合，どのタイプの平方和で計算しても同じ値になります。

[*25] 5.4.2の自由度調整済み偏決定係数を計算するとき，「興味ある効果がない分散分析の誤差平均平方」の計算で，興味ある効果の平方和にタイプⅢの平方和を代入すれば，標本サイズがそろわない場合でも自由度調整済み偏決定係数を計算することができます。

散分析表を作成し，出力をまとめておくとよいでしょう。そのうえで，以下のように報告します。

> **実験参加者内2要因分散分析の結果の書き方**
>
> 　予告する記憶テストの種類と実際に実施した記憶テストの種類が正答数に及ぼす影響を調べるため，実験参加者間2要因分散分析を行った。その結果，予告と実施の交互作用が5％水準で有意であった，$F(2, 12) = 11.63$, $p = .002$, $\varepsilon_p^2 = .603$。有意な交互作用があったため，実施したテストの水準別に単純主効果の検定を行った。実施したテストが再生のとき，予告の単純主効果は5％水準で有意であり（$F(2, 12) = 9.25$, $p = .004$, $\varepsilon^2 = .634$)，テューキーのHSD法による多重比較を行ったところ，予告が再生の条件と予告なし条件の間，予告が再生の条件と再認の条件の間に5％水準で有意な平均値差があった。実施したテストが再認の場合も，予告の単純主効果は5％水準で有意であり（$F(2, 12) = 4.00$, $p = .047$, $\varepsilon^2 = .487$），予告が再生の条件と再認の条件の間に5％水準で有意な平均値差があった。

5.5 まとめ

　再認テストを実施したとき，再生テストを予告した群の成績は，再認テストを予告した群ほど高くありませんでした。再生テストを実施したとき，再生テストを予告した群の成績が再認テストを予告した群より高かったことと併せて，これらの結果は再生の2段階説ではなく，エピソード説を支持しているといえます。また，再認テスト，再生テストのどちらを実施した場合でも，予告をしなかった群の成績は，再認テストを予告した群と有意な差がありませんでした。このことから，再認テストに対する構えは，物事を覚えるふだんの構えに近いのではないかと考えられます。

　記憶をはじめとして，心のさまざまな働きにさまざまな仮説を立て検証していくことで，心の仕組みはこれからますます明らかにされていくと考えられます。

【文献】

Anderson, J. R. & Bower, G. H.（1972）. Recognition and retrieval processes in free recall. *Psychological Review*, **79**, 97-123.

星野悦子（2015）. 音楽心理学とは何か. 星野悦子編著　音楽心理学入門. 誠信書房　pp.1-25.

Kintsch, W.（1970）. Models for free recall and recognition. In D. A. Norman（Ed.）, *Models of human memory*. New York：Academic Press.

小柳恭治・石川信一・大久保幸郎・石井栄助（1960）. 日本語三音節名刺の熟知価. 心理学研究, **30**, 357-65.

前川眞一（2008）. Question 35 SASのType I, II, III. 繁桝算男・森敏昭・柳井晴夫編著　Q&Aで知る統計データ解析——DOs and DON'Ts ［第2版］. サイエンス社　pp.62-68.

清水寛之（2012）. 記憶. 大山正監修・箱田裕司編著　心理学研究法2　認知. 誠信書房　pp.48-96.

Tajika, H.（1985）. Influences of the encoding instruction on retrieval processes in recall and recognition memo-

ry. *Japanese Psychological Research*, **26**, 179-186.
多鹿秀継 (1989). 記憶の検索過程に関する研究. 風間書房 pp.67-91.
多鹿秀継 (1991). 記憶測定. 太田信夫・多鹿秀継編 認知心理学――理論とデータ. 誠信書房 pp.22-34.
高橋行雄・大橋靖雄・芳賀敏郎 (1989). SASによる実験データの解析. 東京大学出版会 pp.289-300.
Tulving, E. & Thomson, D. M. (1973). Encoding specificity and retrieval processes in episodic memory, *Psychological Review*, **80**, 352-373.
梅本堯夫・森川弥寿雄・伊吹昌夫 (1955). 清音2字音節の無連想価及び有意味度. 心理学研究, **26**, 148-155.

> 理解できたか
> チェック
> してみよう！

喜ばしさの異なる2種類の旋律（喜ばしい旋律，悲しい旋律）と，喜ばしさの異なる2種類の歌詞（喜ばしい歌詞，悲しい歌詞）を組み合わせて，4種類の歌を作りました。16人の大学生を無作為に4群に分け，4種類の歌の1つを聴かせて，その歌の「喜ばしさ」を，「7：非常に喜ばしい」から「1：非常に悲しい」までの7段階で評定してもらいました。表1はその結果[*26]です。

表1：呈示した歌の「喜ばしさ」得点

参加者ID	旋　律	歌　詞	喜ばしさ
川　口	喜ばしい	喜ばしい	6
川　崎	喜ばしい	喜ばしい	5
川　上	喜ばしい	喜ばしい	4
川　村	喜ばしい	喜ばしい	5
小　林	喜ばしい	悲しい	5
小　島	喜ばしい	悲しい	4
小　松	喜ばしい	悲しい	4
小　池	喜ばしい	悲しい	5
山　本	悲しい	喜ばしい	4
山　田	悲しい	喜ばしい	2
山　口	悲しい	喜ばしい	4
山　崎	悲しい	喜ばしい	4
吉　田	悲しい	悲しい	2
吉　川	悲しい	悲しい	1
吉　村	悲しい	悲しい	4
吉　岡	悲しい	悲しい	1

問1： 歌の旋律と歌詞を要因，喜ばしさ得点を従属変数として，実験参加者間2要因分散分析を行いたいと思います。表2の分散分析表を完成させてください。自由度は整数で，平均平方と F 値は，小数第3位を四捨五入して小数第2位までで答えてください。

表2

変動の原因	平方和	自由度	平均平方	F値
旋　律	16.00			
歌　詞	4.00			
交互作用	1.00			
誤　差	12.00			
全　体	33.00	15		

問2： 旋律と歌詞の交互作用，旋律の主効果，歌詞の主効果の検定で用いる F 分布の自由度は何ですか。また，F 値は何ですか。それぞれ「F（第1自由度，第2自由度）＝F値」のかたちで答えてください。

[*26] 星野（2015）を参考に作成した人工データです。

第6章 動物実験（脳と空間学習）
——混合計画2要因分散分析

6.1 実験の概要

6.1.1 はじめに

　心理学で動物実験と聞いて，ヒト以外の動物にヒトと同じ心があるのかと疑問に思った人もいるかもしれません。しかし，たとえばイヌを被験体とした古典的条件づけの実験を応用して，ヒトを対象とした**行動療法（behavior therapy）**が開発されるなど，心理学では古くから多くの動物実験より，さまざまな知見を得てきました。

　なかでも，脳についての研究では，ヒトの脳を傷つけたり遺伝子操作したりするわけにはいかないため，しばしば，ヒトと神経系の構造が似ている他の哺乳類を使って実験します。たとえば，脳には**海馬（hippocampus）**という部分があります（図6-1）。海馬を損傷した患者には，記憶障害が現れます。ラットの海馬を傷つけて迷路課題行わせると成績が悪くなります。これらの症例や実験結果から，海馬は記憶や学習に関係することが明らかになっています。

　脳ではどのように情報をやり取りしているのでしょうか。脳には多数の**神経細胞（neuron）**があり，神経細胞どうしの接続部分を，**シナプス（synapse）**といいます（図6-2）。シナプスは化学物質や電気信号によって，情報を送受信します。シナプスで情報伝達を何度も繰り返すと，伝達効率が良くなるようにシナプスが変化します。この現象を**長期増強(long term potentiation：LTP)**といいます。長期増強は最初に海馬で発見されたので，記憶や学習に関係があると考えられています。それ

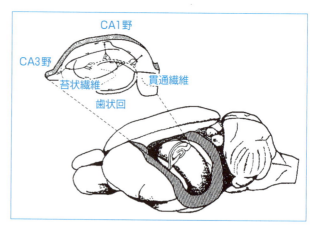

図6-1　ラットの脳の海馬
(Johnston & Amaral, 1998を著者一部改変)

では，脳の神経細胞を操作して長期増強が起こりやすくすると，学習成績にどのような影響があるでしょうか。それを確かめてみましょう[*27]。

なお，本章は動物実験を例としていますが，本章の分析方法はヒトを対象とする実験でも使えるものです。したがって，分析方法の一般的な説明には「実験参加者」

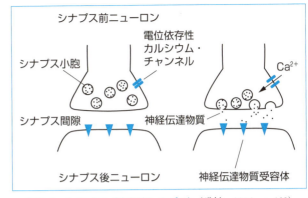

図6-2 シナプス（化学的シナプス）（礒村，2014，p.462）

「個人」という言葉を使い，具体例には「被験体」「個体」という言葉を使いますが，どちらも同じものと考えてください。

6.1.2 方法

● **材料** ● 生後8週齢のウィスター・ラットを被験体とします。この実験では海馬における長期増強と学習の関係を調べますが，今回は海馬に入ってくる信号の入口と考えられている，歯状回（dentate gyrus）という部分[*28]を操作します。

● **手続き** ● 個体を，実験群，別操作群，無操作群，未手術群の4群にランダムに割り当てます。

実験群のラットには脳にウイルス入り液体を注入し，ウイルスを使って遺伝子を導入して，歯状回で長期増強が起こりやすくなるようにします。別操作群では，実験群と同じく脳にウイルス入り液体を注入しますが，脳細胞に長期増強と無関係の変化が起こるような遺伝子の導入を行います。無操作群では，実験群と同じくラットの脳に液体を注入しますが，脳細胞

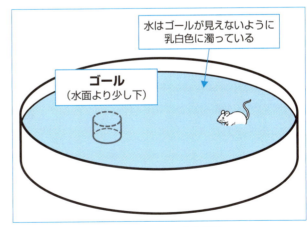

図6-3 モリス水迷路課題

[*27] この実験は岡田ら（Okada et al., 2003）とほぼ同様（ただし試行回数や測定時期などを少し変えています）ですが，ラットの脳の手術が必要なので，一般的な大学の心理学科で実際に実施するのは難しいかもしれません。なお，この実験について日本語で読みたい場合は，岡田（2004）などをご覧ください。

[*28] 厳密には歯状回は海馬と別の部位ですが，海馬と歯状回を併せて海馬と呼ぶこともしばしばあります。

は変化させません。未手術群では，脳への液体注入そのものを行いません。

それぞれの群のラットには，脳細胞操作の後，モリス水迷路課題（Morris water maze）を行わせます（図6-3）。これは，円形のプールに濁った水を張り，水面にちょうど隠れる見えない島まで，周囲の景色だけを手掛かりに泳いで到達させる課題です。学習が進むと，島に着くまでの時間が短くなっていきます。この実験では，この課題を7回試行し，第1試行（初期），第3試行（前期），第5試行（後期），第7試行（終期）で到達時間を測ります。

6.1.3 データの例

12匹のラットにこの実験を行い，表6-1のデータを得たとします。1列目は行った脳細胞操作，2列目は個体ID，3～6列目はそれぞれ，モリス水迷路課題の，初期，前期，後期，終期で，スタートからゴールまでかかった時間（単位：秒）です。その平均値は表6-2および図6-4のようになります。

表6-1　迷路課題にかかった時間（秒）

脳細胞操作	個体ID	測定時期			
		初期	前期	後期	終期
実験群	1	55	56	36	41
	2	55	54	39	44
	3	61	52	48	35
別操作群	4	55	51	33	21
	5	43	39	24	18
	6	55	48	21	24
無操作群	7	49	27	18	26
	8	52	32	18	14
	9	58	31	18	17
未手術群	10	50	37	12	21
	11	61	42	20	17
	12	54	47	25	22

表6-2　迷路課題にかかった時間の平均値

要因A \ 要因B		測定時期				周辺平均
		初期	前期	後期	終期	
脳細胞操作	実験群	57.0	54.0	41.0	40.0	48.0
	別操作群	51.0	46.0	26.0	21.0	36.0
	無操作群	53.0	30.0	18.0	19.0	30.0
	未手術群	55.0	42.0	19.0	20.0	34.0
周辺平均		54.0	43.0	26.0	25.0	37.0

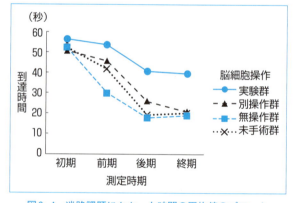

図6-4　迷路課題にかかった時間の平均値のプロット

6.2 動物実験

6.2.1 動物実験の意義

動物実験では，ヒトに対して行えないような生育環境の統制，手術や遺伝子操作などができます。また，実験に社会や文化の影響が入り込みません。心理学では，ヒトに対してできない

ような厳密な実験を動物に対して行い，ヒトの行動のモデルとしています。それだけでなく，動物の行動をヒトの行動と比べたり，動物の生きている環境と行動の相互関係を明らかにしようとしたりすることも，動物実験を行う目的のひとつになっています。

6.2.2 動物への接し方

●**倫理的配慮**● ヒトと違って言葉で意思表示できない動物に対しては，ヒトを対象とする実験以上の倫理的配慮が求められます。動物福祉の理念として，ラッセルとバーチ（Russell & Burch, 1959）は**三つのR（three Rs）**という原則を提唱しています。すなわち，動物を使わなくてすむ方法に代替（Replacement）し，実験に動物を使わなければならないときには，使う動物の数を削減（Reduction）し，動物に苦痛を与えないように実験方法を改善（Refinement）する，ということです。

動物に必要以上の苦痛を与えてはいけません。たとえば，麻酔をしていない意識のある動物に，耐えられる以上の痛みを与える実験は，原則として禁止されています（廣中，2011, pp.283-285）。実験の後は，麻酔薬の大量投与や炭酸ガスの吸入などで動物を安楽死させます。なお，殺処分の近い動物であっても，給餌，給水，床敷交換などをおろそかにしてはなりません。

これらは単なる「心構え」ではなく，法律やガイドラインで定められたものです。詳しくは各大学の倫理規定や廣中（2011）などをご覧ください。

●**実験者の影響**● 動物に対して言葉で指示することは難しいです。しかし，実験者の声や態度は，対象が動物であっても伝わってしまいます。その影響を無視することはできません。

個体を実験群や統制群などに割り当てるとき，どの群に割り当てるか無作為に決める必要があります（第3章の3.2を参照）。それだけでなく，どの群に割り当てたかを個体に知られてはなりません（動物実験では，この点を気にしなくてよいかもしれません）。ヒトを対象とする実験で，実験参加者が特別な実験条件に割り当てられたり，周囲から注目されたりすることで，ふだんと異なる特別な行動を取ってしまい実験結果をゆがめてしまうことを，**ホーソン効果（Hawthorne effect）**といいます。これを防ぐため，実験参加者に自分が割り当てられた条件をわからないようにすることを，**盲検法（blind test）**といいます。

一方，どの個体をどの群に割り当てたかを実験者が知っていることにも問題があります。実験者が実験対象に何らかの期待を持っていると，対象への接し方が無意識に変わったり，対象が実験者の期待をくみ取ったりして，対象が期待どおりに行動してしまうことがあります。これを**ピグマリオン効果（Pygmalion effect）**といいます。ピグマリオン効果を防ぐためには，割り当てる人と実験を行う人を別々にして，実験を行う人にも割り当てた群がわからないようにします。このように，実験者にも実験参加者にも割り当てた群がわからないようにすることを，**二重盲検法（double blind test）**といいます。

これらの効果は，動物実験でもヒトに対する実験でも，気をつける必要があります。

6.3 混合計画

　実験参加者間要因と実験参加者内要因の両方がある実験計画を，**混合計画（mixed factorial design）**といいます[*29]。実験参加者内要因があるので，混合計画も反復測定（第4章4.3を参照）計画の1つです。そこで，実験参加者内1要因の分散分析と同じように，「個人差」（動物実験の場合は「個体差」）という要因を考えます。以下，第4章と同じように，個人差は変量効果要因，それ以外は固定効果要因とします。

　混合計画において，個人差という要因と実験参加者内要因には，水準どうしのすべての組み合わせがありえます（図6-5①）。たとえば，個体3は，4つすべての測定時期についてデータが得られています。また，後期という水準は，すべての個体についてデータが得られています。これに対し，個人差という要因と実験参加者間要因では，水準どうしにすべての組み合わせがあるわけではありません。たとえば，本章の実験で，個体差の水準（個体IDの値）が「4」ならば，実験参加者間要因である脳細胞操作の水準は「別操作」1つしかなく，「無操作」など他の水準との組み合わせはありません。図6-5②のように，個体差の水準が，脳細胞操作の水準

質問コーナー

「ホーソン効果」「ピグマリオン効果」の「ホーソン」「ピグマリオン」とは何ですか？

　「ホーソン」は，この効果が確認された実験を行った工場の名前です。1924〜32年にかけて，アメリカの電信電話会社の傘下にあったウェスタン・エレクトリック社のホーソン工場で，ハーバード大学の経営心理学者メイヨー（Mayo, G. E.）らが中心となって，照明の明るさや休憩回数の多さなどが，労働者の生産能率に及ぼす影響を調べました。その結果，調べようとしていたこれらの物理的条件よりも，周囲に注目されているという意識や，労働者の連帯感などが生産能率に影響することがわかりました。

　「ピグマリオン」は，ギリシア神話に登場するキプロス王の名前です。ピグマリオンは，自作した女性の彫刻に恋をしてしまいます。それを見かねた女神アフロディテの力で，彫刻は人間になります。ハーバード大学の心理学者ローゼンソール（Rosenthal, R.）は，この物語になぞらえて，教師が児童・生徒に期待を抱くと学業成績がそのとおりになる現象を，「ピグマリオン効果」と名づけました（Rosenthal & Jacobson, 1968）。なお，元々の実験（Rosenthal & Fode, 1963）は，学生にラットの迷路課題を行わせるときに，「利口なラット」という情報を与えた学生と「のろまなラット」という情報を与えた学生の間で，ラットを無作為に割り当てたのにもかかわらず，ラットの学習成績に差が生じたというものです。ピグマリオン効果は動物実験と決して無縁ではありません。

[*29] 固定効果要因と変量効果要因の両方がある分散分析モデルを指す**混合モデル（mixed model）**と，区別してください。ちなみに，固定効果要因だけの分散分析モデルを**固定効果模型（fixed effects model）**または**母数モデル**といい，変量効果要因だけの分散分析モデルを**変量効果模型（random effects model）**または**変量モデル**といいます。

① 交差した要因						② 入れ子になった要因		
		測定時期				脳細胞操作	個体差	
		初期	前期	後期	終期			
個体差	1					実　験	1	
	2						2	
	3						3	
	4					別操作	4	
	5						5	
	6						6	
	7					無操作	7	
	8						8	
	9						9	
	10					未手術	10	
	11						11	
	12						12	

図6-5　交差した要因と入れ子になった要因

から分かれたものになっている[*30]からです。

　個体差と測定時期のように，水準どうしすべての組み合わせがありうる場合，2つの要因は**交差（crossed）**しているといいます。第4章や第5章でも2つずつ要因がありましたが，これらはいずれも交差していました。これに対し，脳細胞操作と個体差のように，ある要因の水準から別の要因の水準が分かていくものになっていることを，**入れ子（nested）**になっている，あるいは**ネスト**されているといいます。この例の場合，個体差という要因は，脳細胞操作という要因の中に入れ子となって（ネストされて）います。

　混合計画は**分割区画要因計画（split-plot factorial design）**ともいいます。この例のように，実験参加者間要因の水準が4つ，実験参加者内要因の水準が4つある混合2要因の実験計画を，「SPF-4・4」と表記することがあります。中黒（・）の前は実験参加者間要因の水準数で，後ろは実験参加者内要因の水準数です。

6.4　混合計画2要因分散分析

　本章の実験では，どの群でも個体数は3で等しくなっています。ここから先の計算はすべての群で標本サイズが同じものとします。群によって標本サイズが違う場合の計算は本書では扱いませんが，統計分析ソフトウェアではタイプⅢの平方和（第5章の5.4.6を参照）を使うことが多いです。

---

*30　この例では，脳細胞操作という固定効果要因の水準から，個体差という変量効果要因の水準が分かれていますが，心理学で混合計画の実験を行う場合，このように固定効果要因である実験要因の水準から，変量効果要因である個人差の水準が分かれていることが多いです。

6.4.1 分散分析

混合計画2要因分散分析では1人の実験参加者の1つの条件の値を，以下の6つに分解します。

① 全体平均
② 実験参加者間要因の各群に割り当てた効果
③ 個人差
④ 実験参加者内の各条件で測定した効果
⑤ 交互作用効果
⑥ 個人内誤差

たとえば実験群に割り当てた個体1の，終期の到達時間の分解は図6-6のようになります。ここで現れる平均値がどこを平均したものなのかは，図6-7を見てください。

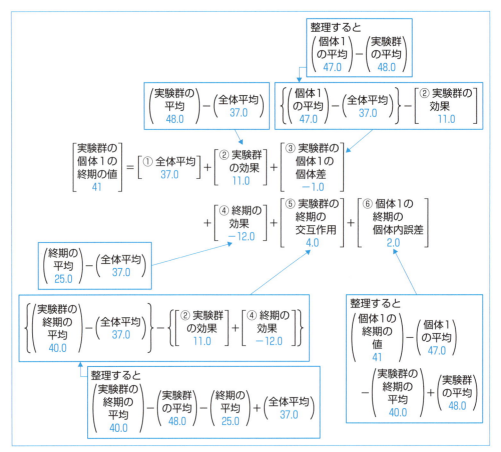

図6-6 個体1の終期の値の分解

図6-7 個体1の終期の値の分解で使う平均

● **処遇の効果** ● 割り当てた群，測定した時期，およびそれらの組み合わせにどのような効果があったかの計算は，実験参加者間2要因（第5章の5.4.1を参照）と同じです。

たとえば，実験群に割り当てた3体（個体ID1〜3）の，ゴールに到達するまでにかかった時間の12個の値の標本平均は48.0秒で，全体平均の37.0秒より11.0秒長くなっています。すなわち，実験群に割り当てるという処遇を行ったら，到達時間を全体平均より11.0秒長くする効果があったということです（図6-6の②）。

また，全12個体の，終期の到達時間の標本平均は25.0秒で，全体平均の37.0秒より12.0秒短いです。すなわち，終期まで試行を行ったら，到達時間を全体平均より12.0秒短くする効果があったということです（図6-6の④）。

では，実験群で終期まで試行を行うと，全体平均より11.0+(−12.0)=−1.0秒長く（つまり1.0秒短く）なっているかというと，実験群の3体の終期の標本平均は40.0秒で，全体平均の37.0秒より3.0秒長いです。したがって，この3.0秒と−1.0秒の差である3.0−(−1.0)=4.0秒が，組み合わせによる効果です（図6-6の⑤）。

混合計画2要因では，個人差の効果も計算できます（実験参加者内1要因のと

表6-3 迷路課題にかかった時間の個体ごとの平均値

脳細胞操作	個体ID	個体の平均	群の平均
実験群	1	47.0	48.0
	2	48.0	
	3	49.0	
別操作群	4	40.0	36.0
	5	31.0	
	6	37.0	
無操作群	7	30.0	30.0
	8	29.0	
	9	31.0	
未手術群	10	30.0	34.0
	11	35.0	
	12	37.0	
平均		37.0	

きと同じです)。たとえば，実験群の個体1の4回の測定の標本平均は47.0秒で，全体平均の37.0秒より10.0秒長くなっています（表6-3）。ただし，実験参加者内1要因のときと違い，これには実験群に割り当てた効果（11.0）が含まれています。したがって，それを引いた10.0−11.0 = −1.0秒が個体1の個体差となります。整理すると，個体1の標本平均47.0秒から，実験群の標本平均48.0秒を引いた値（47.0−48.0）になっています（図6-6の③）。

実現値とこれらの効果の合計との差は個人内誤差となります（図6-6の⑥）。以上より，実験群の個体1の終期の到達時間は，41 = 37.0 + 11.0 − 1.0 − 12.0 + 4.0 + 2.0と分解します。他の個体の異なる水準でも，このような分解が成立しています（図6-8）。

図6-8　従属変数の値の分解（全個体・全測定時）

●**級間平方和**●　それぞれの要因が従属変数をバラつかせる影響力を評価するために，処遇の効果の値を2乗して足し合わせます。図6-8より，それぞれの効果の級間平方和は，以下のよ

うになります。

> 脳細胞操作の主効果の級間平方和（図6-8中の②の平方和）
> $= 12 \times (48.0 - 37.0)^2 + 12 \times (36.0 - 37.0)^2$
> $\quad + 12 \times (30.0 - 37.0)^2 + 12 \times (34.0 - 37.0)^2$
> $= 2160.0$
> 測定時期の主効果の級間平方和（図6-8中の④平方和）
> $= 12 \times (54.0 - 37.0)^2 + 12 \times (43.0 - 37.0)^2$
> $\quad + 12 \times (26.0 - 37.0)^2 + 12 \times (25.0 - 37.0)^2$
> $= 7080.0$
> 交互作用効果の級間平方和（図6-8中の⑤の平方和）
> $= 3 \times \{(57.0 - 37.0) - (11.0 + 17.0)\}^2 + 3 \times \{(54.0 - 37.0)$
> $\quad - (11.0 + 6.0)\}^2 + \cdots + 3 \times \{(20.0 - 37.0) - (-3.0 - 12.0)\}^2$
> $= 720.0$

●**誤差平方和**● これまでの分散分析で誤差は1種類ずつしかありませんでした。混合計画2要因の分散分析では，実験参加者間の誤差と，実験参加者内の誤差という，2種類の誤差があります。

実験参加者間の誤差の平方和は，個人差の2乗和です。個体1体につき4回反復測定しているので，計算すると以下のようになります。

> 実験参加者間の誤差平方和（図6-8中の③の平方和）
> $= 4 \times (47.0 - 48.0)^2 + 4 \times (48.0 - 48.0)^2 + \cdots + 4 \times (37.0 - 34.0)^2$
> $= 288.0$

実験参加者内の誤差の平方和は，個人内誤差の2乗和です。計算すると以下のようになります。

> 実験参加者内の誤差平方和（図6-8中の⑥の平方和）
> $= (55 - 47.0 - 57.0 + 48.0)^2 + (56 - 47.0 - 54.0 + 48.0)^2$
> $\quad + \cdots + (22 - 37.0 - 20.0 + 34.0)^2$
> $= 480.0$

実験参加者間要因の主効果の検定では実験参加者間の誤差を使い，実験参加者内要因の主効果の検定と交互作用効果の検定では，実験参加者内の誤差を使います。したがって，図6-8の

ように，実験参加者間要因の主効果の級間平方和と，実験参加者間の誤差平方和を，実験参加者間の変動としてまとめ，実験参加者内要因の主効果の級間平方和，交互作用効果の級間平方和，実験参加者内の誤差平方和を，実験参加者内の変動としてまとめることが多いです。

●**自由度と平均平方**● 混合計画2要因の分散分析でも，級間平均平方を誤差平均平方と比べて，要因が従属変数をバラつかせる影響力の強さを評価します。

主効果の級間自由度は（水準数－1）です。脳細胞操作という実験参加者間要因の水準は4つなので，脳細胞操作の主効果の級間自由度は（4－1）＝3です。測定時期という実験参加者内要因の水準は4つなので，測定時期の主効果の級間自由度は（4－1）＝3です。

交互作用効果の級間自由度は，（実験参加者間要因の水準数－1）×（実験参加者内要因の水準数－1）です。本章の実験では（4－1）×（4－1）＝9になります。したがって，それぞれの級間平方和は以下のようになります。

> 脳細胞操作の主効果の級間平均平方 ＝ 2160.0 ÷ 3 ＝ 720.0
> 測定時期の主効果の級間平均平方 ＝ 7080.0 ÷ 3 ＝ 2360.0
> 交互作用効果の級間平均平方 ＝ 720.0 ÷ 9 ＝ 80.0

実験参加者間の誤差自由度は，各群の（標本サイズ－1）を足し合わせたものです。本章の実験では，4つの群すべてに3体ずつが参加しているので，実験参加者間の誤差自由度は（3－1）＋（3－1）＋（3－1）＋（3－1）＝8です。（全標本サイズ－実験参加者間要因の水準数）として，12－4＝8としても計算できます。

実験参加者内の誤差自由度は，（全標本サイズ－実験参加者間要因の水準数）×（実験参加者内要因の水準数－1）です。本章の実験の場合，全部で12体が参加し，実験参加者間要因の水準が4つ，実験参加者内要因の水準が4つなので，実験参加者内の誤差自由度は（12－4）×（4－1）＝24になります。したがって，誤差平均平方は以下のようになります。

> 実験参加者間の誤差平均平方 ＝ 288.0 ÷ 8 ＝ 36.0
> 実験参加者内の誤差平均平方 ＝ 480.0 ÷ 24 ＝ 20.0

●**F統計量**● 混合計画2要因分散分析では，実験参加者間要因の主効果，実験参加者内要因の主効果，2つの要因の交互作用効果についての，全部で3種類の検定を行います。ふつうは，まず交互作用効果の検定の結果から見ます。表6-4を見てください。

【交互作用効果の検定】

混合計画2要因分散分析で，交互作用効果の検定統計量は，交互作用効果の級間平均平方を

表6-4 分散分析表

変動の原因	平方和	自由度	平均平方	F値	p値	調整済み偏決定係数(ε_p^2)
実験参加者間要因(脳細胞操作)の主効果	級間平方和 2160.0 ÷	級間自由度 3 =	級間平均平方 720.0	$720.0 \div 36.0 = 20.0$	$< .001$	$1 - 36.0 \div 222.5 = .838$
実験参加者間の誤差(個体差)	誤差平方和 288.0 ÷	誤差自由度 8 =	誤差平均平方 36.0			
実験参加者内要因(測定時期)の主効果	級間平方和 7080.0 ÷	級間自由度 3 =	級間平均平方 2360.0	$2360.0 \div 20.0 = 118.0$	$< .001$	$1 - 20.0 \div 280.0 = .929$
(脳細胞操作と測定時期の)交互作用効果	級間平方和 720.0 ÷	級間自由度 9 =	級間平均平方 80.0	$80.0 \div 20.0 = 4.0$	$.003$	$1 - 20.0 \div 36.4 = .450$
実験参加者内の(個体内)誤差	誤差平方和 480.0 ÷	誤差自由度 24 =	誤差平均平方 20.0			
全体	全体平方和 10728.0	全体自由度 47				

注:全体平方和は,単なる従属変数の2乗の合計ではなく,そこから全体平均の2乗の合計を引いたもの(図6-8も見てください)。

実験参加者内の誤差平均平方で割って求めます。表6-4より交互作用効果の検定のF統計量の値(F値)を求めると,$80.0 \div 20.0 = 4.0$になります。帰無仮説が正しければ,F統計量は,第1自由度が級間自由度,第2自由度が誤差自由度であるF分布に従うはずです。第1自由度が9,第2自由度が24のF分布では,$F = 4.0$ならばp値は0.003になります。有意水準の0.05より小さいので,F値は有意水準が5%のとき棄却域にあります。

【実験参加者間要因の主効果の検定】

実験参加者間要因の主効果の検定統計量は,実験参加者間の誤差平均平方で割って求めます。表6-4よりF統計量の値(F値)は,$720.0 \div 36.0 = 20.0$です。第1自由度が3,第2自由度が8のF分布で,$F = 20.0$ならばp値は0.000449になります。有意水準の0.05より小さいので,F値は有意水準が5%の場合の棄却域にあります。

【実験参加者内要因の主効果の検定】

実験参加者内要因の主効果の検定統計量は,交互作用効果の検定と同じように,実験参加者内の誤差平均平方で割って求めます。表6-4よりF統計量の値(F値)は,$2360.0 \div 20.0 = 118.0$です。第1自由度が3,第2自由度が24のF分布で,$F = 118.0$ならばp値は有意水準の0.05よりはるかに小さな値[*31]になります。したがって,F値は有意水準が5%のときの棄却域にあります。

6.4.2 効果量

実験参加者間2要因分散分析で,標本効果量として計算した自由度調整済み偏決定係数の計算式は,すべての群で標本サイズが等しいとき[*32],以下のようになりました。

---

*31 具体的な値は,1.68×10^{-14}(0.0000000000000168)です。
*32 群ごとに標本サイズが異なっても,タイプⅢの平方和を使うときにはこの式で計算できます。

$$\text{自由度調整済み偏決定係数} = 1 - \frac{\text{すべての効果があるときの誤差平均平方}}{\text{興味ある効果がない分散分析の誤差平均平方}}$$

$$= 1 - \frac{\text{誤差平均平方}}{\dfrac{\text{誤差平方和} + \text{級間平方和}}{\text{誤差自由度} + \text{級間自由度}}}$$

　混合計画2要因分散分析でも，検定する効果によって誤差項が違うことに注意しながら，同じように計算します。

　交互作用効果の検定と，実験参加者内要因の検定には，実験参加者内の誤差平方和，誤差自由度，誤差平均平方を使います。本章のデータの場合，表6-4より，それぞれ480.0，24，20.0です。交互作用効果の検定の級間平方和と級間自由度は，それぞれ720.0と9です。したがって，交互作用効果の自由度調整済み偏決定係数は，以下のようになります。

$$\text{交互作用効果の} \varepsilon_p^2 = 1 - \frac{20.0}{\dfrac{480.0 + 720.0}{24 + 9}} = 0.450$$

　実験参加者内要因の主効果の検定の級間平方和と級間自由度は，それぞれ7080.0と3です。したがって，実験参加者内要因の主効果の自由度調整済み偏決定係数は，以下のようになります。

$$\text{実験参加者内要因の主効果の} \varepsilon_p^2 = 1 - \frac{20.0}{\dfrac{480.0 + 7080.0}{24 + 3}} = 0.929$$

　これらに対し，実験参加者間要因の主効果の検定には，実験参加者間の誤差平方和，誤差自由度，誤差平均平方を使います。本章のデータの場合，表6-4より，それぞれ288.0，8，36.0です。実験参加者間要因の主効果の検定の級間平方和と級間自由度は，それぞれ2160.0と3です。したがって，実験参加者間要因の主効果の自由度調整済み偏決定係数は，以下のようになります。

$$\text{実験参加者間要因の主効果の} \varepsilon_p^2 = 1 - \frac{36.0}{\dfrac{288.0 + 2160.0}{8 + 3}} = 0.838$$

いずれの効果量も，第3章の3.4.2の値を目安にすると，大きな効果量とされる0.1379よりもさらに大きな値なので，効果量は大きいといえます。

6.4.3 単純主効果の検定

混合計画2要因の分散分析でも分散分析の後に行うことは，第5章の図5-6と同じです。交互作用効果が有意だった場合，単純主効果の検定を行います。

●**実験参加者内要因の水準別に行う実験参加者間要因の単純主効果の検定**● 実験参加者内要因の水準別に，実験参加者間要因の単純主効果の検定を行うには，実験参加者内要因の水準別に，実験参加者間1要因分散分析を行います（図6-9）。ただし，誤差平均平方には，誤差自由度で重みづけ平均した，プールされた誤差平均平方（24.0）を用います。検定の第2自由度は誤差自由度の合計（8+8+8+8＝32）とします。したがって，本章の実験の場合，第1自由度が3，第2自由度が32であるF分布を使って検定を行います。

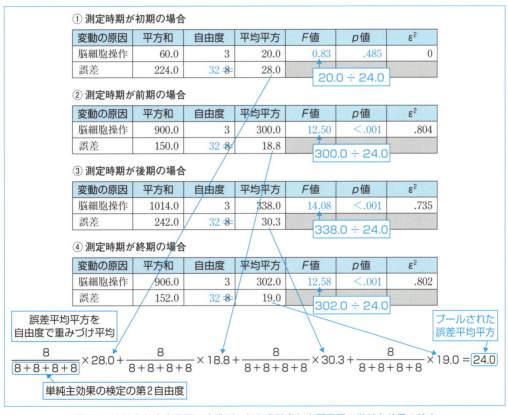

図6-9 実験参加者内要因の水準別に行う実験参加者間要因の単純主効果の検定

このプールされた誤差平均平方は，次のように求めてもよいです。

$$\text{実験参加者間要因の単純主効果のプールされた誤差平均平方} = \frac{\text{実験参加者間の誤差平方和} + \text{実験参加者内の誤差平方和}}{\text{実験参加者間の誤差自由度} + \text{実験参加者内の誤差自由度}}$$

本章のデータの場合，表6-4の値を用いて計算すると，たしかに以下となります。

$$\frac{288.0 + 480.0}{8 + 24} = 24.0$$

図6-9より，測定時期が初期の場合，脳細胞操作の単純主効果は5％水準で有意ではありません。他の測定時期の場合には，脳細胞操作の単純主効果が5％水準で有意です[*33]。

● **実験参加者間要因の水準別に行う実験参加者内要因の単純主効果の検定** ● 実験参加者間要因の水準別に，実験参加者内要因の単純主効果の検定を行うには，実験参加者間要因の水準別に，実験参加者内1要因分散分析を行います（図6-10）。ただし，誤差平均平方には，誤差自由度で重みづけ平均した，プールされた誤差平均平方（20.0）を用います。第2自由度は<u>誤差自由度の合計</u>（6+6+6+6＝24）とします。実験参加者内要因の水準別に行う，実験参加者間要因の単純主効果の検定で用いる誤差平均平方や誤差自由度とは異なりますので，注意してください。したがって，本章の実験の場合，第1自由度が3，第2自由度が24であるF分布を使って，検定を行います。

じつは，このプールされた誤差平均平方や誤差自由度は，実験参加者内の誤差平均平方や誤差自由度と同じです。表6-4と比べてみてください。

図6-10より，どの脳細胞操作の場合でも，測定時期の単純主効果は5％水準で有意です[*34]。

[*33] 単純主効果の検定では，プールされた誤差項を使うと自由度調整済み偏決定係数を計算できません。そのため，効果量は水準別誤差項を使って（つまり，ふつうの実験参加者間1要因分散分析のときの式で）計算しています。具体的には，誤差平均平方を24.0ではなく28.0や18.8などとし，誤差自由度を8として，
$1 - \dfrac{\text{誤差平均平方}}{\dfrac{\text{誤差平方和} + \text{級間平方和}}{\text{誤差自由度} + \text{級間自由度}}}$ を計算しています。

[*34] 単純主効果の検定では，プールされた誤差項を使うと自由度調整済み偏決定係数を計算できません。そのため，効果量は水準別誤差項を使って（つまり，ふつうの実験参加者内1要因分散分析のときの式で）計算しています。具体的には，誤差平均平方を20.0ではなく24.0や17.0などとし，誤差自由度を6として，
$1 - \dfrac{\text{誤差平均平方}}{\dfrac{\text{誤差平方和} + \text{級間平方和}}{\text{誤差自由度} + \text{級間自由度}}}$ を計算しています。

① 脳細胞操作が 実験群の場合

変動の原因	平方和	自由度	平均平方	F値	p値	ε_p^2
測定時期	690.0	3	230.0	11.50	<.001	.741
誤差	144.0	24 ~~6~~	24.0			

$230.0 \div 20.0$

② 脳細胞操作が別操作群の場合

変動の原因	平方和	自由度	平均平方	F値	p値	ε_p^2
測定時期	1950.0	3	650.0	32.50	<.001	.925
誤差	102.0	24 ~~6~~	17.0			

$650.0 \div 20.0$

③ 脳細胞操作が無操作群の場合

変動の原因	平方和	自由度	平均平方	F値	p値	ε_p^2
測定時期	2382.0	3	794.0	39.70	<.001	.925
誤差	126.0	24 ~~6~~	21.0			

$794.0 \div 20.0$

④ 脳細胞操作が未手術群の場合

変動の原因	平方和	自由度	平均平方	F値	p値	ε_p^2
測定時期	2778.0	3	926.0	46.30	<.001	.944
誤差	108.0	24 ~~6~~	18.0			

$926.0 \div 20.0$

プールされた誤差平均平方（※図6-9のプールされた誤差平均平方と異なる）

誤差平均平方を自由度で重みづけ平均

$$\frac{6}{6+6+6+6} \times 24.0 + \frac{6}{6+6+6+6} \times 17.0 + \frac{6}{6+6+6+6} \times 21.0 + \frac{6}{6+6+6+6} \times 18.0 = \boxed{20.0}$$

単純主効果の検定の第2自由度

図6-10 実験参加者間要因の水準別に行う実験参加者内要因の単純主効果の検定

6.4.4 単純主効果に関する多重比較

有意な単純主効果があるとき，それについて多重比較を行います。

●**実験参加者内要因の水準別に行う実験参加者間要因の単純主効果の多重比較**● 実験参加者内要因の水準別に，実験参加者間要因の単純主効果の多重比較を行うときの検定統計量は，図6-11（a）を見てください。誤差平均平方および誤差自由度は，プールされた誤差項を用います。本章のデータの場合，図6-9より，誤差平均平方は24.0，誤差自由度は32です。たとえば，測定時期が前期の場合，別操作群と無操作群の間のq統計量の値は，以下のとおりです。

$$q = \left| \frac{(46.0 - 30.0) - 0}{\sqrt{\frac{1}{2} \times \left(\frac{1}{3} + \frac{1}{3}\right) \times 24.00}} \right| = 5.657$$

多重比較の結果は，表6-5のとおりです。測定時期が初期の場合（単純主効果も有意ではありませんでしたが），どの群の間にも5％水準で有意な平均値差はありません。測定時期が前期

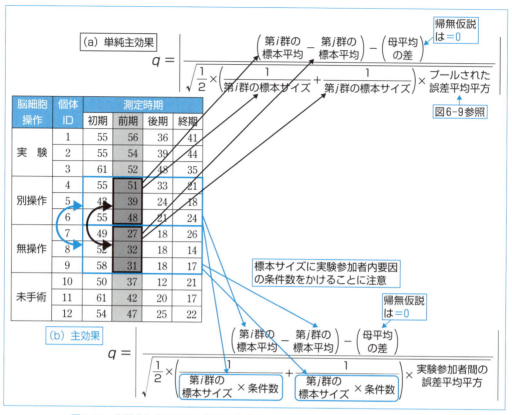

図6-11 実験参加者間要因の単純主効果・主効果に関する多重比較の検定統計量

表6-5 実験参加者内要因の水準別に行った実験参加者間要因の単純主効果の多重比較

① 測定時期が初期の場合

脳細胞操作	実 験	別操作	無操作	未手術
実 験		$q_{4,32}=2.121$ $p=.449$	$q_{4,32}=1.414$ $p=.750$	$q_{4,32}=0.707$ $p=.958$
別操作			$q_{4,32}=0.707$ $p=.958$	$q_{4,32}=1.414$ $p=.750$
無操作				$q_{4,32}=0.707$ $p=.958$
未手術				

② 測定時期が前期の場合

脳細胞操作	実 験	別操作	無操作	未手術
実 験		$q_{4,32}=2.828$ $p=.209$	$q_{4,32}=8.485$ $p<.001$	$q_{4,32}=4.243$ $p=.025$
別操作			$q_{4,32}=5.657$ $p=.002$	$q_{4,32}=1.414$ $p=.750$
無操作				$q_{4,32}=4.243$ $p=.025$
未手術				

③ 測定時期が後期の場合

脳細胞操作	実 験	別操作	無操作	未手術
実 験		$q_{4,32}=5.303$ $p=.004$	$q_{4,32}=8.132$ $p<.001$	$q_{4,32}=7.778$ $p<.001$
別操作			$q_{4,32}=2.828$ $p=.209$	$q_{4,32}=2.475$ $p=.316$
無操作				$q_{4,32}=0.354$ $p=.994$
未手術				

④ 測定時期が終期の場合

脳細胞操作	実 験	別操作	無操作	未手術
実 験		$q_{4,32}=6.718$ $p<.001$	$q_{4,32}=7.425$ $p<.001$	$q_{4,32}=7.071$ $p<.001$
別操作			$q_{4,32}=0.707$ $p=.958$	$q_{4,32}=0.354$ $p=.994$
無操作				$q_{4,32}=0.354$ $p=.994$
未手術				

の場合，無操作群と他の3つの群の間，および実験群と未手術群の間に，5％水準で有意な平均値差があります。測定時期が後期および終期の場合には，実験群と他の3つの群の間に，それぞれ5％水準で有意な平均値差があります。

この結果を解釈すると，初期はどの群でも到達時間に差がないものの，前期では無操作群で学習が進んで到達時間がやや短くなり，後期以降では，実験群だけ他の群より学習が取り残されている，といえるでしょう。

●**実験参加者間要因の水準別に行う実験参加者内要因の単純主効果の多重比較**● 実験参加者間要因の水準別に，実験参加者内要因の単純主効果の多重比較を行うときの検定統計量は，図6-12（a）を見てください。誤差平均平方および誤差自由度は，プールされた誤差項を用います。本章のデータの場合，図6-10より，誤差平均平方は20.00，誤差自由度は24です。たとえば操作が別操作の場合，前期と後期の間のq統計量の値は，以下のとおりです。

$$q = \left| \frac{(46.0 - 26.0) - 0}{\sqrt{\frac{1}{2} \times \left(\frac{1}{3} + \frac{1}{3}\right) \times 20.00}} \right| = 7.746$$

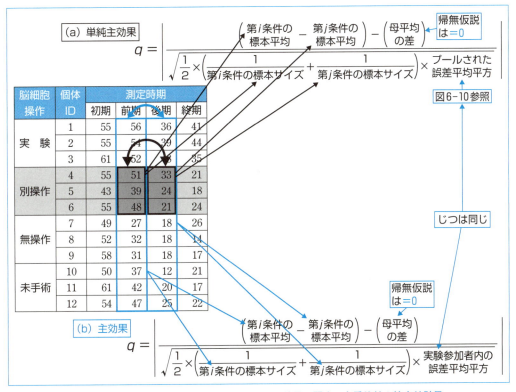

図6-12 実験参加者内要因の単純主効果・主効果に関する多重比較の検定統計量

多重比較の結果は，表6-6のとおりです。実験群と別操作群では，初期と前期，後期と終期の間以外で，5%水準で有意な平均値差があります。無操作群と未手術群では，後期と終期の間以外のすべてのペアで，5%水準で有意な平均値差があります。

この結果を解釈すると，無操作群と未手術群では最初から，実験群と別操作群では前期から後期にかけて学習が進み始め，どの群でも後期までに学習が済んでしまっている，といえるでしょう。

表6-6 実験参加者間要因の水準別に行った実験参加者内要因の単純主効果の多重比較

① 脳細胞操作が実験群の場合

測定時期	初期	前期	後期	終期
初期		$q_{4,24}=1.162$ $p=.844$	$q_{4,24}=6.197$ $p=.001$	$q_{4,24}=6.584$ $p=.001$
前期			$q_{4,24}=5.035$ $p=.008$	$q_{4,24}=5.422$ $p=.004$
後期				$q_{4,24}=0.387$ $p=.993$
終期				

② 脳細胞操作が別操作群の場合

測定時期	初期	前期	後期	終期
初期		$q_{4,24}=1.936$ $p=.530$	$q_{4,24}=9.682$ $p<.001$	$q_{4,24}=11.619$ $p<.001$
前期			$q_{4,24}=7.746$ $p<.001$	$q_{4,24}=9.682$ $p<.001$
後期				$q_{4,24}=1.936$ $p=.530$
終期				

③ 脳細胞操作が無操作群の場合

測定時期	初期	前期	後期	終期
初期		$q_{4,24}=8.908$ $p<.001$	$q_{4,24}=13.555$ $p<.001$	$q_{4,24}=13.168$ $p<.001$
前期			$q_{4,24}=4.648$ $p=.015$	$q_{4,24}=4.260$ $p=.029$
後期				$q_{4,24}=0.387$ $p=.993$
終期				

④ 脳細胞操作が未手術群の場合

測定時期	初期	前期	後期	終期
初期		$q_{4,24}=5.035$ $p=.008$	$q_{4,24}=13.943$ $p<.001$	$q_{4,24}=13.555$ $p<.001$
前期			$q_{4,24}=8.908$ $p<.001$	$q_{4,24}=8.521$ $p<.001$
後期				$q_{4,24}=0.387$ $p=.993$
終期				

6.4.5 主効果に関する多重比較

交互作用効果が有意でなければ，主効果の有意性を調べます。さらに，主効果が有意な要因に水準が3つ以上ある場合には，多重比較を行います。

● **実験参加者間要因の主効果の多重比較** ● 実験参加者間要因の主効果の多重比較を行うときの検定統計量は，図6-11(b)を見てください。このとき，標本サイズに実験参加者内要因の条件数をかけることに，注意してください。なぜなら，たとえば別操作群の36.0という標本平均は，3個体の4条件の値，つまり12個の観測値を使って計算しているからです。

たとえば，別操作群と無操作群の間のq統計量の値は，次のようになります。

$$q = \left| \frac{(36.0 - 30.0) - 0}{\sqrt{\frac{1}{2} \times \left(\frac{1}{3 \times 4} + \frac{1}{3 \times 4}\right) \times 36.00}} \right| = 3.464$$

多重比較の結果は表6-7のとおりです。実験群と他の3つの群との間に、5％水準で有意な平均値差があります。

表6-7 実験参加者間要因の主効果の多重比較

脳細胞操作	実　験	別操作	無操作	未手術
実　験		$q_{4,8}=6.928$ $p=.005$	$q_{4,8}=10.392$ $p<.001$	$q_{4,8}=8.083$ $p=.002$
別操作			$q_{4,8}=3.464$ $p=.144$	$q_{4,8}=1.155$ $p=.845$
無操作				$q_{4,8}=2.309$ $p=.414$
未手術				

●**実験参加者内要因の主効果の多重比較**●　実験参加者内要因の主効果の多重比較を行うときの検定統計量は、図6-12（b）を見てください。たとえば、前期と後期の間の q 統計量の値は、以下のようになります。

$$q = \left| \frac{(43.0 - 26.0) - 0}{\sqrt{\frac{1}{2} \times \left(\frac{1}{12} + \frac{1}{12}\right) \times 20.00}} \right| = 13.168$$

多重比較の結果は表6-8のとおりで、後期と終期の間以外は5％水準で有意な平均値差があります。

表6-8 実験参加者内要因の主効果の多重比較

測定時期	初　期	前　期	後　期	終　期
初　期		$q_{4,24}=8.521$ $p<.001$	$q_{4,24}=21.689$ $p<.001$	$q_{4,24}=22.463$ $p<.001$
前　期			$q_{4,24}=13.168$ $p<.001$	$q_{4,24}=13.943$ $p<.001$
後　期				$q_{4,24}=0.775$ $p=.946$
終　期				

6.4.6　レポートの書き方

混合計画2要因分散分析の結果は、たとえば次のように報告します。

> **混合計画2要因分散分析の結果の書き方**
>
> 　脳細胞操作および測定時期によって，ゴールに到達する時間に差があるかどうかを調べるため，脳細胞操作を実験参加者間要因，測定時期を実験参加者内要因とする，2要因混合計画分散分析を行った。その結果，脳細胞操作と測定時期の交互作用が5％水準で有意であった，$F(9, 24) = 4.0$, $p = .003$, $\varepsilon_p^2 = .450$。有意な交互作用があったため，測定時期の水準別に，脳細胞操作の単純主効果の検定を行った。測定時期が初期の場合，脳細胞操作に5％水準で有意な単純主効果はなかった（$F(3, 32) = 0.83$, $p = .485$, $\varepsilon^2 = 0$）。しかし，前期，後期，終期の測定では，脳細胞操作に5％水準で有意な単純主効果があった（それぞれ，$F(3, 32) = 12.50$, $p < .001$, $\varepsilon^2 = .804$；$F(3, 32) = 14.08$, $p < .001$, $\varepsilon^2 = .735$；$F(3, 32) = 12.58$, $p < .001$, $\varepsilon^2 = .802$）。テューキーのHSD法により多重比較を行ったところ，測定時期が前期の場合，無操作群と他の3つの群の間，および実験群と未手術群の間に，5％水準で有意な平均値差があった。測定時期が後期および終期の場合には，実験群と他の3つの群の間に，それぞれ5％水準で有意な平均値差があった。

6.5　まとめ

　歯状回に対して長期増強が起こりやすくする操作をしたところ，空間学習の成績は良くなるどころか，むしろ悪くなってしまいました。脳には，まだわからないことがたくさんあります。それらを解明するためには，動物実験が不可欠です。

【文献】

廣中直行（2011）．心理学における動物の飼養．廣中直行編著　心理学研究法3　学習・動機・情動．誠信書房　pp.279-289.

礒村宜一（2014）．神経系の構造と機能（1）．下山晴彦編集代表　誠信　心理学辞典［新版］．誠信書房　p.462.

Johnston, D. & Amaral, D. G.（1998）.Hippocampus. In G. M. Shepherd（Ed.）, *The synaptic organization of the brain* 4th ed. New York：Oxford University Press.

Okada, T., Yamada, N., Tsuzuki, K., Horikawa, H. P., Tanaka, K., & Ozawa, S.（2003）. Long-term potentiation in the hippocampal CA1 area and dentate gyrus plays different roles in spatial learning. *European Journal of Neuroscience*, **17**, 341-349.

岡田隆（2004）．神経活動と精神機能．廣中直行編著　実験心理学の新しいかたち．誠信書房　pp.52-70.

Rosenthal, R., & Fode, K. L.（1963）. The effect of experimenter bias on the performance of the albino rat. *Behavioral Science*, **8**, 183-189.

Rosenthal, R., & Jacobson, L.（1968）. *Pygmalion in the classroom：Teacher expectation and pupils' intellectual development*. New York：Holt, Rinehart & Winston.

Russell, W. M. S. & Burch, R. L.（1959）. *The principles of humane experimental technique*. Lonon：Methuen.（http://altweb.jhsph.edu/pubs/books/humane_exp/het-toc）

山田冨美雄（2011）．感情の生理心理学的計測．廣中直行編著　心理学研究法3　学習・動機・情動．誠信書房　pp.223-255.

第6章 動物実験（脳と空間学習）——混合計画2要因分散分析

理解できたか
チェック
してみよう！

ストレスがかかると，唾液中にコルチゾールという物質が分泌される量が増えることが知られています（山田，2011）。このことを利用して，歩くことがどれほどストレスを減らすのか調べるために，12名の実験参加者に15分間，自分のペースで歩いてもらうことにし，歩行前，歩行直後，20分の休息後に，唾液中のコルチゾールの量を測りました。表1はその結果です[*35]。このデータについて，以下の設問に答えてください。

表1：唾液中のコルチゾールの量（単位：nmol/ℓ）

属　性	ID	歩行前	歩行直後	休息後
若年女性	藤　井	4.3	3.4	2.5
若年女性	深　沢	4.6	3.7	1.0
若年女性	福　田	4.9	3.1	2.2
若年女性	古　川	4.6	3.4	3.1
若年男性	前　田	4.3	2.2	1.9
若年男性	丸　山	4.9	2.8	2.5
若年男性	増　田	4.6	2.5	1.3
若年男性	松　本	5.8	2.5	1.9
高齢者	岡　本	3.7	5.2	2.2
高齢者	小　野	2.5	4.9	2.8
高齢者	太　田	4.3	6.1	2.5
高齢者	大　塚	3.1	4.6	2.5

問1：実験参加者の属性を実験参加者間要因，測定時期を実験参加者内要因，コルチゾールの量を従属変数として，混合計画2要因分散分析を行いたいと思います。表2の分散分析表を完成させてください。自由度は整数で，平均平方とF値は四捨五入して小数第2位までで答えてください。

表2

変動の原因	平方和	自由度	平均平方	F値
属　性	2.16			
個人差	3.24			
測定時期	28.08			
交互作用	18.72			
個人内誤差	4.86			
全　体	57.06	35		

問2：属性と測定時期の交互作用，属性の主効果，測定時期の主効果の検定で用いるF分布の自由度は何ですか。また，F値は何ですか。それぞれ「F（第1自由度，第2自由度）＝F値」のかたちで答えてください。

[*35] 山田（2011）を参考に作成した人工データです。

第7章 感情実験（悪評はいかに覆しがたいか）——実験参加者内2要因分散分析

7.1 実験の概要

7.1.1 はじめに

　喜び，恐れ，驚き，嫌悪，怒り，悲しみなどの**感情（emotion）**[*36]は，誰もが持っていると思います。しかし，自分や他人の感情をコントロールしたり，他人の感情を正しく見極めたりすることは，多くの人にとって難しいのではないでしょうか。

　心理学の実験ではコントロールの難しい感情を独立変数にするために，実験参加者にそうなってほしい感情の文章を読ませたり（**ヴェルテン気分誘導法：Velten mood induction procedure**, Velten, 1968），音楽を聞かせたり，画像を見せたりすることがあります。見極めることの難しい感情を従属変数として測定するためには，脳波や，ストレスを感じると増える唾液中の化学物質などを測る（山田，2011）など，客観的な指標を用いることもしばしばあります。本章では，脳波や唾液中物質などの生理指標を用いるわけではありません[*37]が，感情を従属変数にした実験を行います。

　感情とは何でしょうか。さまざまな考え方がありますが，何らかの**評価（appraisal）**を伴っていることは共通しています。自分に対して，他人に対して，物に対して，状況に対して，私たちは意識的にも無意識的にもいろいろな評価を行い，さまざまなことを感じながら生きています。とくに，私たちは社会の中で生きているので，人に対する評価は大切です。ある人に対する世間一般の評価，つまり評判には，正しいものもあれば間違ったものもあります。評判が間違ったものであったとき，私たちはどう感じるでしょうか。また，良い評判のときと悪い評判のときで違うでしょうか。鈴木ら（Suzuki et al., 2013）や鈴木ら（2014）と同様の手続き[*38]で実験を行い，それを確かめてみましょう。

[*36] 情動や情緒と訳されることもあります。
[*37] ただし，本書で参考にしている鈴木ら（2014）の実験では，機能的磁気共鳴画像法（fMRI）によって，脳の機能を調べています。
[*38] 本書では少し簡略にしています。

7.1.2 方法

●**材料**● 渡邊ら（2007）の顔情報データベース（Facial Information Norm Database：FIND）から選んだ，男女10枚ずつ計20枚の顔写真を使います。

●**手続き**● 実験の概要は図7-1のとおりです。実験参加者は，以下で説明する鈴木ら（Suzuki et al., 2013）の「融資ゲーム」を，3セッション行います。

【情報なしでの判断】

融資ゲームについて，実験参加者には次のように説明します。顔写真の相手に100円を融資すると，その相手は100円を元手にして400円を稼ぎます。相手が「良い人」だった場合，稼いだお金から200円を返済してくれます。しかし，相手が「悪い人」だった場合，元手の100円も持ち逃げしてしまいます。

これらのことを説明したうえで，実験参加者には，自分の手元に残るお金が最大になるように，20枚の顔写真の人物それぞれに対して，100円を融資するかどうかを判断していってもらいます。ただし，全員に融資したり，あるいは全員に融資しなかったりしないように，「融資する」ことも「融資しない」ことも，最大で12回までしか選べないように制限をかけます。

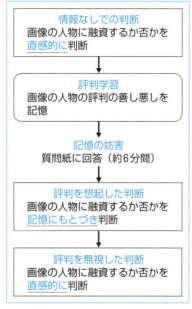

図7-1 実験手続きの概要

融資ゲームの1試行の流れは，図7-2①のようになります。最初の融資ゲームのセッションでは，実験参加者に，顔写真の印象だけで直感的に，融資するかどうかを判断してもらいます。なお，融資ゲームの結果，手元に何円残ったかについては，実験参加者に知らせません。

【評判学習】

最初の融資ゲームのセッションの後，20枚の顔写真の人物が，それぞれ「良い人」だったか「悪い人」だったかを順に呈示し，実験参加者に記憶してもらいます。このとき，画面から注意をそらされないように，顔写真の人物の性別を答えてもらいます。1試行の流れは図7-2②のようになります。

顔写真の人物の評判（その人物が「良い人」か「悪い人」か）は，「良い人」と「悪い人」が10人ずつ（「良い人」も「悪い人」もそれぞれ男女が5人ずつ）になるように，ランダムに呈示します。顔写真の人物の評判は3回のセッションを通じて変えませんが，顔写真の呈示順序は，ゲームによってランダムに変化させます。

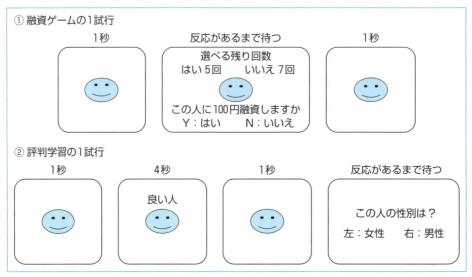

図7-2 1試行の流れ

【評判を想起した判断】

評判学習の後，すぐに次のセッションを始めると，記憶の影響が強すぎてしまいます。そこで，ひと呼吸おくために，たとえば性格検査などの質問紙に答えてもらいます。その後，2回目の融資ゲームのセッションを行います。今度は，評判学習での記憶にもとづいて判断してもらいます。1試行の流れは，最初の融資ゲームのセッション（情報なしでの判断）と同じです。

【評判を無視した判断】

2回目の融資ゲームのセッションの後，評判学習で呈示した内容はまったくのデタラメだったと実験参加者に伝えます。そして，3回目の融資ゲームのセッションを行い，評判学習の内容を完全に無視して判断をしてもらいます。なお，融資ゲームの結果は，3セッションとも実験参加者に伝えません。

7.1.3　データの例

5人の大学生を対象にこの実験を行い，表7-1のデータを得たとします。1列目は実験参加者ID，2列目と3列目は，最初の，情報がない状態での融資ゲームのセッションで「融資する」と答えた割合（単位は％，以下同様）で，2列目は実験者側で「良い人」とした刺激に対する割合で，3列目は「悪い人」とした刺激に対する割合です。4列目と5列目は，評判学習後の記憶にもとづいた融資ゲームのセッションにおける割合で，同様に4列

表7-1　条件別の「融資する」と判断した割合（％）

ID	情報なし		評判学習後		評判打消後	
	良い人	悪い人	良い人	悪い人	良い人	悪い人
青　木	60	50	90	10	60	30
伊　藤	70	50	80	20	60	20
上　田	50	60	70	10	60	20
榎　本	50	70	90	10	40	40
小　川	50	60	80	0	50	30

目が「良い人」，5列目が「悪い人」に対する割合です。6列目と7列目は，評判学習の内容を無視するように教示された後の融資ゲームのセッションにおける割合で，6列目が「良い人」とされていた人，7列目が「悪い人」とされていた人に対する割合です。

この実験の従属変数は，融資ゲームで「融資する」と答えた割合です。この実験の要因は2つあります。1つ目の要因は，どの情報を取得したセッションでの割合か，ということです。この要因には，「情報なし」「評判学習後」「評判打消後」という3つの水準があります。2つ目の要因は，評判学習で「良い人」と「悪い人」のどちらとして呈示した刺激に対する割合か，ということです。この要因の水準

表7-2 「融資する」と判断した割合（%）の平均値

要因B \ 要因A	取得情報			周辺平均
	情報なし	評判学習後	評判打消後	
評判内容 良い人	56.0	82.0	54.0	64.0
評判内容 悪い人	58.0	10.0	28.0	32.0
周辺平均	57.0	46.0	41.0	48.0

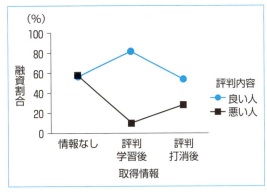

図7-3 「融資する」と判断した割合(%)の平均値のプロット

は2つです。それぞれの要因のそれぞれの水準における従属変数の平均値をまとめると，表7-2および図7-3のようになります。

7.2 実験の妥当性

本書ではさまざまな実験が出てきましたが，これらはどれくらい妥当なものといえるでしょうか。ここでは実験の**妥当性（validity）**について，簡単に説明します。妥当性という言葉は，尺度について考えるときにも出てきます。尺度にかかわる妥当性については，本シリーズ第6巻4章を参考にしてください。

7.2.1 生態学的妥当性

この実験では，実験参加者に呈示する刺激に人間の顔写真を使っていますが，顔のイラストではダメなのでしょうか。もし顔のイラストで何か結果を得たとしても，現実の場面で他人の顔を見たときに適用できるのか，疑問に思うでしょう。また，この実験では，ゲームの成績[*39]を「円（金額）」という単位で表しています。「◯◯点」「◯◯ポイント」などの抽象的な単位ではなく，現実のお金の単位にすることで，裏切られたり，誠実にお金を返してもらったりし

[*39] ただしこの実験では，ゲームの成績を計算して実験参加者に伝えることはしていません。

たときのリアルな気持ちが，実験に反映されると考えられます。

ここで考えられている，実験の刺激，方法，状況などが，現実の世界にどれくらい似ているかということを，生態学的妥当性（ecological validity）といいます。

本書ではこれまで，剰余変数（第2章の2.2.2を参照）をいかに統制するかということを重要視してきました。しかし，剰余変数の統制を厳しくするあまりに，実験状況が現実からかけ離れてしまったら，その結果も現実の状況を反映しないものになってしまいます。実験を計画するときには，生態学的妥当性も意識してみるとよいでしょう。

7.2.2 内的妥当性と外的妥当性

実験の妥当性には，次のような言葉もあります。

内的妥当性（internal validity）[*40]とは，独立変数の変化が，従属変数の変化の原因になっているとどの程度いえるか，ということです。たとえばこの実験には，取得情報と評判内容という要因（独立変数）と，融資割合という従属変数があります。取得情報の変化が融資割合の変化の原因になっているといいたいとき，呈示する写真の枚数が多すぎると，評判打消後に融資割合が情報取得前と同じくらいに戻ったとしても，それは実験参加者が疲れて判断がいい加減になったからではないか，という別の原因もありえます。実験参加者の成長，疲れ，慣れなどが実験の内的妥当性を低めるとしたら，要因を実験参加者間要因にして実験を組み直すとよいでしょう。このとき，無作為割り当て（第3章の3.2を参照）を行うことも，内的妥当性を高めるために重要です。逆に，実験群と統制群などに分けること自体が内的妥当性を低めるとしたら，要因を実験参加者内のものにするとよいでしょう。

これに対し，外的妥当性（external validity）[*41]という言葉もあります。外的妥当性とは，実験で明らかにした因果関係を，実験参加者，実験状況，実験時点を超えてどの程度一般化できるか，ということです。この実験で扱うような人間の感情は，平日だろうと休日だろうと，時代が変わっても，そして大人でも子どもでも，違いはあまりなさそうです。もし，広く一般的な人間，広く一般的な状況を想定して実験を行うときには，集まってもらった実験参加者や，設定した実験状況から，本当に想定した対象に一般化できるのかということを考えてください。

クックとキャンベル（Cook & Campbell, 1979）はさらに，内的妥当性から統計的結論妥当性（statistical conclusion validity，データにもとづく独立変数と従属変数の関係はどのくらい合理的か）を分け，外的妥当性から構成概念妥当性（construct validity，独立変数や従属変数は，それが測っているというものをどの程度適切に測っているか）を分け，これら4つの妥当性について以下のように説明しています。

　① 統計的結論妥当性 —— 独立変数と従属変数に関係があるか。

[*40] 内部妥当性ともいいます。
[*41] 外部妥当性ともいいます。

② 内的妥当性 —— 関係があるとして，それは独立変数から従属変数への因果関係といえるか。
③ 構成概念妥当性 —— 因果関係があるとして，それは変数が測ろうとしているものどうしの因果関係といえるか。
④ 外的妥当性 —— 測ろうとしているものどうしに因果関係があるとして，それは実験参加者，状況，時間を超えて一般化できるか。

さまざまな妥当性が出てきましたが，どの妥当性も，あるなしではなく，程度の問題になっています。すべての妥当性を満足させようと神経質になりすぎる必要はありませんが，研究を意味のあるものにするためにも，妥当性を高める努力は必要です。

7.3 実験参加者内2要因分散分析

本章では，2つの実験参加者内要因があるときの分散分析を説明します。このような実験計画を，乱塊要因計画（randomized block factorial design）といいます。本章の実験のように，水準が3つの要因と2つの要因がある乱塊要因計画を，「RBF-32」と表記することがあります。

7.3.1 分散分析

実験参加者内2要因の分散分析でも，2つの要因の主効果と交互作用効果の，全部で3つの検定を行います。ただし，実験参加者内2要因の場合には，3つの検定で別々の誤差自由度や誤差平均平方を使います。どのように計算するのか見てみましょう。

実験参加者内2要因分散分析では，1人の実験参加者の1つの条件の従属変数の値を，以下の8つに分解します。

① 全体平均
② 個人差
③ 要因Aの処遇の主効果
④ その誤差
⑤ 要因Bの処遇の主効果
⑥ その誤差
⑦ 要因Aの処遇と要因Bの処遇の交互作用効果
⑧ その誤差

この実験の場合，要因Aは取得した情報の種類で，要因Bは評判学習で呈示する評判の内容

です。たとえば青木さんの，要因Aの水準が「情報なし」，要因Bの水準が「良い人」のときの融資すると答えた割合は，図7-4のように分解されます。ここで現れる平均値がどこを平均したものなのかは，図7-5を見てください。

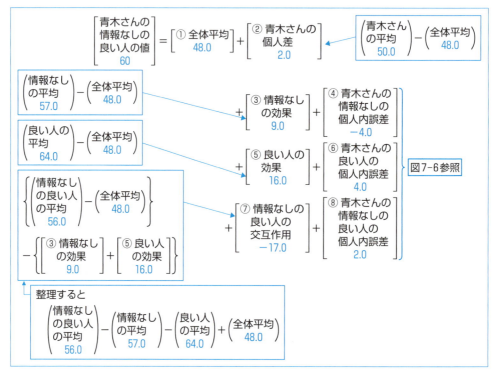

図7-4 青木さんの情報なしの良い人の値の分解

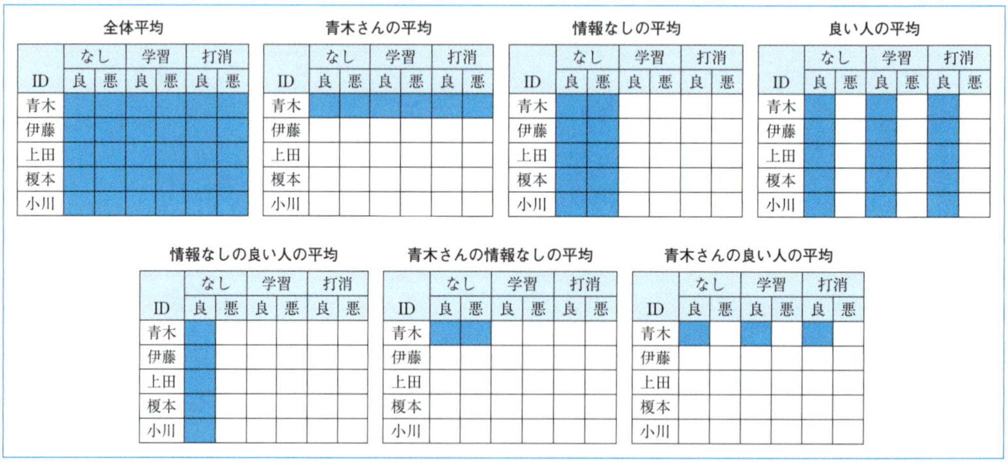

図7-5 青木さんの情報なしの良い人の値の分解で使う平均

● 処遇の効果 ● 取得した情報，評判の内容，およびその組み合わせにどのような効果があったかの計算は，他の2要因の分散分析（第5章の5.4.1，第6章の6.4.1を参照）と同じです。ま

ず，主効果，交互作用効果，個人差の順に説明します。図7-4を見てください。

たとえば，情報を取得していないときに融資した割合の標本平均は57.0%で，全体平均の48.0%より9.0ポイント多く[*42]なっています（図7-4③）。そして，「良い人」とされている人に融資した割合の標本平均は64.0で，全体平均の48.0より16.0多いです（図7-4⑤）。

では，情報を取得していないときに「良い人」に対して，全体平均より9.0+16.0＝25.0多く融資しているかというと，この場合の融資回数の標本平均は56.0で，全体平均の48.0より8.0しか多くありません。したがって，この8.0と25.0の差である8.0－25.0＝－17.0が，組み合わせによる効果です（図7-4⑦）。

第4章や第6章の実験と同じように，実験参加者内要因があるので，個人差の効果を計算できます。たとえば，青木さんが融資した回数の標本平均は50.0（表7-3）で，全体平均の48.0より2.0多くなっています（図7-4②）。実現値からこれらの主効果，交互作用効果，個人差を引いたものは個人内誤差です。実験参加者内2要因の場合には，個人内誤差がさらに3種類（図7-4④⑥⑧）に分かれます。実験参加者内要因が2つあると，表7-3のように，個人のなかで条件別の平均値も計算できるからです。

表7-3 「融資する」と判断した割合のそれぞれの実験参加者の平均値

ID	個人の平均値	取得情報別の平均			評判内容別の平均	
		情報なし	学習後	打消後	良い人	悪い人
青 木	50.0	55.0	50.0	45.0	70.0	30.0
伊 藤	50.0	60.0	50.0	40.0	70.0	30.0
上 田	45.0	55.0	40.0	40.0	60.0	30.0
榎 本	50.0	60.0	50.0	40.0	60.0	40.0
小 川	45.0	55.0	40.0	40.0	60.0	30.0
平 均	48.0	57.0	46.0	41.0	64.0	32.0

では次に，3種類の個人内誤差がどのようなものか説明します。図7-6を見てください。

青木さんは情報なしのときに，良い人と悪い人を平均して(60+50)÷2＝55.0%融資しています。これは全体平均の48.0より7.0多いです。でも，青木さんは全体平均より2.0多く融資していますし，情報なしのとき実験参加者は全体平均より9.0多く融資しています。これらの効果を差し引くと，青木さんの情報なしのときの個人内誤差は，(55.0－48.0)－(2.0+9.0)＝－4.0になります（図7-6④）。

同じように，青木さんは良い人に対して，情報なし，評判学習後，評判打消後を平均して(60+90+60)÷3＝70.0%融資しています。これは全体平均の48.0より22.0多いです。ここから，青木さんが全体平均より2.0多く融資していることと，良い人に対して実験参加者は全体平均より16.0多く融資していることを差し引いて，青木さんの良い人に対するときの個人内誤差

[*42] 「9.0%多く」ではありません。「48.0%より9.0%多い」と書くと48.0×1.09＝52.32%のことになってしまいます。以下，ややこしいので，どうしても必要なところ以外，「%」や「ポイント」は省略します。

$$\begin{bmatrix} ④\text{青木さんの} \\ \text{情報なしの} \\ \text{個人内誤差} \\ -4.0 \end{bmatrix} = \left\{ \begin{pmatrix} \text{青木さんの} \\ \text{情報なしの} \\ \text{平均} \\ 55.0 \end{pmatrix} - \begin{pmatrix} \text{全体平均} \\ 48.0 \end{pmatrix} \right\} - \left\{ \begin{bmatrix} ②\text{青木さん} \\ \text{の個人差} \\ 2.0 \end{bmatrix} + \begin{bmatrix} ③\text{情報なし} \\ \text{の効果} \\ 9.0 \end{bmatrix} \right\}$$

$$\begin{bmatrix} ⑥\text{青木さんの} \\ \text{良い人の} \\ \text{個人内誤差} \\ 4.0 \end{bmatrix} = \left\{ \begin{pmatrix} \text{青木さんの} \\ \text{良い人の} \\ \text{平均} \\ 70.0 \end{pmatrix} - \begin{pmatrix} \text{全体平均} \\ 48.0 \end{pmatrix} \right\} - \left\{ \begin{bmatrix} ②\text{青木さん} \\ \text{の個人差} \\ 2.0 \end{bmatrix} + \begin{bmatrix} ⑤\text{良い人の} \\ \text{効果} \\ 16.0 \end{bmatrix} \right\}$$

$$\begin{bmatrix} ⑧\text{青木さんの} \\ \text{情報なしの} \\ \text{良い人の} \\ \text{個人内誤差} \\ 2.0 \end{bmatrix} = \left\{ \begin{pmatrix} \text{青木さんの} \\ \text{情報なしの} \\ \text{良い人の値} \\ 60 \end{pmatrix} - \begin{pmatrix} \text{全体平均} \\ 48.0 \end{pmatrix} \right\}$$

$$- \left\{ \begin{bmatrix} ②\text{青木さん} \\ \text{の個人差} \\ 2.0 \end{bmatrix} + \begin{bmatrix} ③\text{情報なし} \\ \text{の効果} \\ 9.0 \end{bmatrix} + \begin{bmatrix} ④\text{青木さんの} \\ \text{情報なしの} \\ \text{個人内誤差} \\ -4.0 \end{bmatrix} + \begin{bmatrix} ⑤\text{良い人の} \\ \text{効果} \\ 16.0 \end{bmatrix} + \begin{bmatrix} ⑥\text{青木さんの} \\ \text{良い人の} \\ \text{個人内誤差} \\ 4.0 \end{bmatrix} + \begin{bmatrix} ⑦\text{情報なしの} \\ \text{良い人の} \\ \text{交互作用} \\ -17.0 \end{bmatrix} \right\}$$

図7-6 青木さんの情報なしの良い人の個人内誤差

は，4.0になります（図7-6⑥）。

青木さんは情報なしのとき，良い人に対して60％融資しています。つまり，全体平均の48.0より12.0多く融資しています。ここから，これまでのすべての効果（図7-5の②③④⑤⑥⑦）を差し引くと，青木さんの情報なしのときの良い人に対する個人内誤差になり，その値は2.0です（図7-6⑧）。

なお，個人内誤差は，図7-7のようにして計算することもできます。

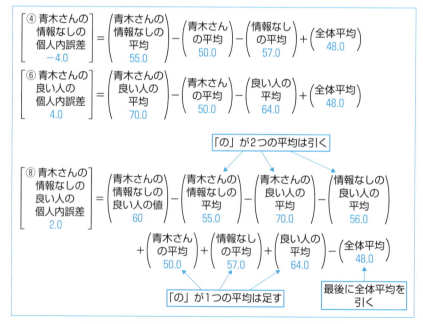

図7-7 青木さんの情報なしの良い人の個人内誤差の整理

第7章 感情実験（悪評はいかに覆しがたいか）——実験参加者内2要因分散分析

●**級間平方和**● それぞれの要因が従属変数をバラつかせる影響力を評価するために，処遇の効果の値を2乗して足し合わせます。図7-8より，それぞれの効果の級間平方和は，以下の式のようになります。

従属変数

ID	情報なし 良	情報なし 悪	学習後 良	学習後 悪	打消後 良	打消後 悪
青木	60	50	90	10	60	30
伊藤	70	50	80	20	60	20
上田	50	60	70	10	60	20
榎本	50	70	90	10	40	40
小川	50	60	80	0	50	30

2乗の合計 = 86800

= **① 全体平均**

ID	情報なし 良	情報なし 悪	学習後 良	学習後 悪	打消後 良	打消後 悪
青木	48.0	48.0	48.0	48.0	48.0	48.0
伊藤	48.0	48.0	48.0	48.0	48.0	48.0
上田	48.0	48.0	48.0	48.0	48.0	48.0
榎本	48.0	48.0	48.0	48.0	48.0	48.0
小川	48.0	48.0	48.0	48.0	48.0	48.0

2乗の合計 = 69120

+ **② 個人差**

ID	情報なし 良	情報なし 悪	学習後 良	学習後 悪	打消後 良	打消後 悪
青木	2.0	2.0	2.0	2.0	2.0	2.0
伊藤	2.0	2.0	2.0	2.0	2.0	2.0
上田	−3.0	−3.0	−3.0	−3.0	−3.0	−3.0
榎本	2.0	2.0	2.0	2.0	2.0	2.0
小川	−3.0	−3.0	−3.0	−3.0	−3.0	−3.0

2乗の合計 = 180

+ **③ 取得情報の効果**

ID	情報なし 良	情報なし 悪	学習後 良	学習後 悪	打消後 良	打消後 悪
青木	9.0	9.0	−2.0	−2.0	−7.0	−7.0
伊藤	9.0	9.0	−2.0	−2.0	−7.0	−7.0
上田	9.0	9.0	−2.0	−2.0	−7.0	−7.0
榎本	9.0	9.0	−2.0	−2.0	−7.0	−7.0
小川	9.0	9.0	−2.0	−2.0	−7.0	−7.0

2乗の合計 = 1340

+ **④ 取得情報の個人内誤差**

ID	情報なし 良	情報なし 悪	学習後 良	学習後 悪	打消後 良	打消後 悪
青木	−4.0	−4.0	2.0	2.0	2.0	2.0
伊藤	1.0	1.0	2.0	2.0	−3.0	−3.0
上田	1.0	1.0	−3.0	−3.0	2.0	2.0
榎本	1.0	1.0	2.0	2.0	−3.0	−3.0
小川	1.0	1.0	−3.0	−3.0	2.0	2.0

2乗の合計 = 160

+ **⑤ 評判内容の効果**

ID	情報なし 良	情報なし 悪	学習後 良	学習後 悪	打消後 良	打消後 悪
青木	16.0	−16.0	16.0	−16.0	16.0	−16.0
伊藤	16.0	−16.0	16.0	−16.0	16.0	−16.0
上田	16.0	−16.0	16.0	−16.0	16.0	−16.0
榎本	16.0	−16.0	16.0	−16.0	16.0	−16.0
小川	16.0	−16.0	16.0	−16.0	16.0	−16.0

2乗の合計 = 7680

+ **⑥ 評判内容の個人内誤差**

ID	情報なし 良	情報なし 悪	学習後 良	学習後 悪	打消後 良	打消後 悪
青木	4.0	−4.0	4.0	−4.0	4.0	−4.0
伊藤	4.0	−4.0	4.0	−4.0	4.0	−4.0
上田	−1.0	1.0	−1.0	1.0	−1.0	1.0
榎本	−6.0	6.0	−6.0	6.0	−6.0	6.0
小川	−1.0	1.0	−1.0	1.0	−1.0	1.0

2乗の合計 = 420

+ **⑦ 取得情報と評判内容の交互作用**

ID	情報なし 良	情報なし 悪	学習後 良	学習後 悪	打消後 良	打消後 悪
青木	−17.0	17.0	20.0	−20.0	−3.0	3.0
伊藤	−17.0	17.0	20.0	−20.0	−3.0	3.0
上田	−17.0	17.0	20.0	−20.0	−3.0	3.0
榎本	−17.0	17.0	20.0	−20.0	−3.0	3.0
小川	−17.0	17.0	20.0	−20.0	−3.0	3.0

2乗の合計 = 6980

+ **⑧ 取得情報と評判内容の交互作用の個人内誤差**

ID	情報なし 良	情報なし 悪	学習後 良	学習後 悪	打消後 良	打消後 悪
青木	2.0	−2.0	0.0	0.0	−2.0	20
伊藤	7.0	−7.0	−10.0	10.0	3.0	−3.0
上田	−3.0	3.0	−5.0	5.0	8.0	−8.0
榎本	−3.0	3.0	10.0	−10.0	−7.0	7.0
小川	−3.0	3.0	5.0	−5.0	−2.0	2.0

2乗の合計 = 920

図7-8 全実験参加者の従属変数の値の分解

> 取得情報の主効果の級間平方和（図7-8③の平方和）
> 　＝ 20×(57.0−48.0)² + 20×(46.0−48.0)² + 20×(41.0−48.0)² = 1340.0
> 評判内容の主効果の級間平方和（図7-8⑤の平方和）
> 　＝ 30×(64.0−48.0)² + 30×(32.0−48.0)² = 7680.0
> 交互作用効果の級間平方和（図7-8⑦の平方和）
> 　＝ 10×{(56.0−48.0)−(9.0+16.0)}² + 10×{(58.0−48.0)−(9.0−16.0)}²
> 　　＋10×{(82.0−48.0)−(−2.0+16.0)}² + 10×{(10.0−48.0)−(−2.0−16.0)}²
> 　　＋10×{(54.0−48.0)−(−7.0+16.0)}² + 10×{(28.0−48.0)−(−7.0−16.0)}²
> 　＝ 6980.0

●**誤差平方和**●　実験参加者内2要因の分散分析では，2つの主効果と交互作用効果の計3つの効果について，それぞれに個人内誤差があります。図7-7のようにして計算した，個人内誤差を全員分の全条件分[*43]足し合わせると，以下のようになります。

> 取得情報の主効果の誤差平方和（図7-8④の平方和）
> 　＝ 2×(青木さんの情報なしの個人内誤差)² + … + 2×(小川さんの打消後の個人内誤差)²
> 　＝ 2×(55.0−50.0−57.0+48.0)² + … + 2×(40.0−45.0−41.0+48.0)²
> 　＝ 160.0
> 評判内容の主効果の誤差平方和（図7-8⑥の平方和）
> 　＝ 3×(青木さんの良い人の個人内誤差)² + … + 3×(小川さんの悪い人の個人内誤差)²
> 　＝ 3×(70.0−50.0−64.0+48.0)² + … + 3×(30.0−45.0−32.0+48.0)²
> 　＝ 420.0
> 交互作用効果の誤差平方和（図7-8⑧の平方和）
> 　　　＝（青木さんの情報なしの良い人の個人内誤差)² +
> 　　　　…＋（小川さんの打消後の悪い人の個人内誤差)²
> 　　　＝ (60−55.0−70.0−56.0+50.0+57.0+64.0−48.0)² +
> 　　　　…＋(30−40.0−30.0−28.0+45.0+41.0+32.0−48.0)²
> 　　　＝ 920.0

---

*43　たとえば，取得情報の主効果の誤差平方和を計算するとき，（青木さんの情報なしの個人内誤差）は，（青木さんの情報なしの良い人の値）と（青木さんの情報なしの悪い人の値）の2カ所で出てきます。そのため（青木さんの情報なしの個人内誤差)²には2がかけられています。

第7章 感情実験（悪評はいかに覆しがたいか）――実験参加者内2要因分散分析   113

● **自由度と平均平方** ●　実験参加者内2要因の分散分析でも，級間平均平方を誤差平均平方と比べて，要因が従属変数をバラつかせる影響力の強さを評価します。

　主効果の級間自由度は（水準数−1）です。取得情報という要因の水準は3つなので，取得情報の主効果の級間自由度は（3−1）＝2です。評判内容という要因の水準は2つなので，評判内容の主効果の級間自由度は（2−1）＝1です。交互作用効果の級間自由度は（要因Aの水準数−1）×（要因Bの水準数−1）です。本章の実験では（3−1）×（2−1）＝2になります。これらより，級間平均平方は以下のようになります。

> 取得情報の主効果の級間平均平方 ＝ 1340.0÷2 ＝ 670.0
> 評判内容の主効果の級間平均平方 ＝ 7680.0÷1 ＝ 7680.0
> 交互作用効果の級間平均平方 ＝ 6980.0÷2 ＝ 3490.0

　それぞれの効果の誤差自由度は，級間自由度×（標本サイズ−1）です。本章の実験には5人が参加しています。したがって，取得情報の主効果の誤差自由度は（3−1）×（5−1）＝8です。評判内容の主効果の誤差自由度は，（2−1）×（5−1）＝4です。交互作用効果の誤差自由度は，（3−1）×（2−1）×（5−1）＝8です。これらより，誤差平均平方は次のようになります。

> 取得情報の主効果の誤差平均平方 ＝ 160.0÷8 ＝ 20.0
> 評判内容の主効果の誤差平均平方 ＝ 420.0÷4 ＝ 105.0
> 交互作用効果の誤差平均平方 ＝ 920.0÷8 ＝ 115.0

● **F統計量** ●　実験参加者内2要因の分散分析でも，2つの要因の主効果と交互作用効果についての，全部で3種類の検定を行います。ふつうは，まず交互作用効果の検定の結果から見ます。表7-4を見てください。

【交互作用効果の検定】

　交互作用効果の検定統計量は，交互作用効果の級間平均平方を，交互作用効果の誤差平均平方で割って求めます。表7-4より，交互作用効果の検定のF統計量の値（F値）は，3490.0÷115.0＝30.35です。帰無仮説が正しければ，F統計量は，第1自由度が級間自由度，第2自由度が誤差自由度であるF分布に従うはずです。第1自由度が2，第2自由度が8のF分布では，F＝30.35ならばp値は0.000184になります。したがって，F値は有意水準が5％のとき棄却域にあります。

【要因Aの主効果の検定】

　取得情報の主効果の級間平均平方は670.0で，誤差平均平方は20.0です。表7-4より，F統計量の値（F値）は670.0÷20.0＝33.50になります。第1自由度が2，第2自由度が8のF分布で，

表7-4 分散分析表

変動の原因	平方和	自由度	平均平方	F値	p値	調整済み偏決定係数(ε_p^2)
個人差	級間平方和 180.0	級間自由度 4	級間平均平方 45.0			
要因A(取得情報)の主効果	級間平方和 1340.0 ÷	級間自由度 2 =	級間平均平方 670.0	670.0÷20.0 =33.50	<.001	1−20.0÷150.0 =.867
要因A(取得情報)の誤差	誤差平方和 160.0 ÷	誤差自由度 8 =	誤差平均平方 20.0			
要因B(評判内容)の主効果	級間平方和 7680.0 ÷	級間自由度 1 =	級間平均平方 7680.0	7680.0÷105.0 =73.14	.001	1−105.0÷1620.0 =.935
要因B(評判内容)の誤差	誤差平方和 420.0 ÷	誤差自由度 4 =	誤差平均平方 105.0			
要因Aと要因Bの交互作用効果	級間平方和 6980.0 ÷	級間自由度 2 =	級間平均平方 3490.0	3490.0÷115.0 =30.35	<.001	1−115.0÷790.0 =.854
要因Aと要因Bの交互作用の誤差	誤差平方和 920.0 ÷	誤差自由度 8 =	誤差平均平方 115.0			
全体	全体平方和 17680.0	全体自由度 29				

注:全体平方和は,単なる従属変数の2乗の合計ではなく,そこから全体平均の2乗の合計を引いたもの(図7-8も見てください)。

$F=33.50$ならばp値は0.000129です。有意水準の0.05より小さいので,F値は有意水準が5%の場合の棄却域にあります。

【要因Bの主効果の検定】

評判内容の主効果の級間平均平方は7680.0で,誤差平均平方は105.0です。表7-4より,F統計量の値(F値)は7680.0÷105.0=73.14になります。第1自由度が1,第2自由度が9のF分布で,$F=73.14$ならばp値は0.001です。したがって,F値は有意水準が5%のとき棄却域にあります。

7.3.2 効果量

分散分析の標本効果量の1つである自由度調整済み偏決定係数は,他の章で以下のようにして計算していました。

$$自由度調整済み偏決定係数\ \varepsilon_p^2 = 1 - \frac{すべての効果があるときの誤差平均平方}{興味ある効果がない分散分析の誤差平均平方}$$

$$= 1 - \frac{誤差平均平方}{\dfrac{誤差平方和 + 級間平方和}{誤差自由度 + 級間自由度}}$$

第7章　感情実験（悪評はいかに覆しがたいか）——実験参加者内2要因分散分析

実験参加者内2要因分散分析でも，検定する効果によって誤差項が違うことに注意しながら，同じように計算します。

まず交互作用効果の標本効果量を計算してみましょう。表7-4より，交互作用効果の検定の誤差平均平方は115.0です。誤差平方和，級間平方和，誤差自由度，級間自由度はそれぞれ，920.0，6980.0，8，2です。したがって，交互作用効果の自由度調整済み偏決定係数は，以下のようになります。

$$\text{交互作用効果の}\varepsilon_p^2 = 1 - \frac{115.0}{\frac{920.0 + 6980.0}{8 + 2}} = 0.854$$

次に，取得情報の主効果の標本効果量は，以下のとおりです。表7-4より，誤差平均平方は20.0です。誤差平方和，級間平方和，誤差自由度，級間自由度はそれぞれ，160.0，1340.0，8，2です。したがって，取得情報の主効果の自由度調整済み偏決定係数は，以下のようになります。

$$\text{取得情報の主効果の}\varepsilon_p^2 = 1 - \frac{20.0}{\frac{160.0 + 1340.0}{8 + 2}} = 0.867$$

質問コーナー

実験参加者間2要因の分散分析では，3つの効果の検定で，すべて共通の誤差平均平方を使っていました。実験参加者内2要因の分散分析では，どうして検定によって別々の誤差平均平方を使うのですか？

分散分析では，それぞれの効果が従属変数をばらつかせる影響力が，誤差を基準としてその何倍あるか評価しています。効果が違えば，その基準は違ってくるのが自然です。むしろ，実験参加者間2要因の分散分析のほうが，効果ごとの別々の誤差を計算できず，共通の誤差平均平方を仕方なく使っているといえます。

ためしに，本章の実験が実験参加者間2要因の計画で行われたものとして，本章のデータに実験参加者間2要因分散分析を適用してみてください。誤差平方和は1680.0，誤差自由度は24になります。この誤差平方和は，実験参加者内2要因分散分析のときの個人差の平方和と，3つの誤差平方和の合計（＝180.0＋160.0＋420.0＋920.0）になっています。誤差自由度も，個人差と3つの誤差の自由度の合計（＝4＋8＋4＋8）です。つまり，実験参加者内2要因のときには分解できる個人差と3種類の誤差が，実験参加者間2要因になると分離できないことを意味しています。逆に，本章のように，誤差を個人差と3つの効果の誤差に分解できるのは，従属変数の値に対応関係があるときだけです。

最後に，評判内容の主効果の標本効果量です。表7-4より誤差平均平方は105.0です。誤差平方和，級間平方和，誤差自由度，級間自由度はそれぞれ，420.0, 7680.0, 4, 1です。したがって，評判内容の主効果の自由度調整済み偏決定係数は，以下のようになります。

$$\text{評判内容の主効果の}\varepsilon_p^2 = 1 - \frac{105.0}{\frac{420.0 + 7680.0}{4 + 1}} = 0.935$$

いずれの効果量も，第3章の3.4.2の値を目安にすると，大きな効果量とされる0.1379よりもさらに大きな値なので，効果量は大きいといえます。

7.3.3 単純主効果の検定

実験参加者内2要因の分散分析でも，分散分析の後に行うことは第5章の図5-6と同じです。交互作用効果が有意だった場合，単純主効果の検定を行います。

2要因の分散分析における単純主効果の検定は，一方の要因の水準別に，他方の要因について1要因の分散分析を行います。たとえば，評判内容の水準別に行う取得情報の単純主効果の検定は，以下のようになります（図7-9）。まず，評判内容が「良い人」である3変数（評判内容が「良い人」の情報なしの融資回数，「良い人」の評判学習後の融資回数，「良い人」の評判打消後の融資回数）だけで，実験参加者内1要因分散分析を行います。次に，同じように，評判内容が「悪い人」である3変数だけで，実験参加者内1要因分散分析を行います。

ただし，誤差平均平方は，それぞれの1要因分散分析で計算した誤差平均平方を，誤差自由度で重みづけ平均したもの（プールされた誤差平均平方）を用います。検定の第2自由度は，誤差自由度の合計（8+8＝16）を用います。

要因Aの単純主効果のプールされた誤差平均平方は，以下のように求めてもよいです。

$$\text{要因Aの単純主効果のプールされた誤差平均平方} = \frac{\text{要因Aの主効果の誤差平方和} + \text{交互作用の誤差平方和}}{\text{要因Aの主効果の誤差自由度} + \text{交互作用の誤差自由度}}$$

本章のデータの場合，表7-4の値を用いて計算すると，たしかに以下となっています。

$$\frac{160.0 + 920.0}{8 + 8} = 67.5$$

図7-9より，評判内容が良い人の場合も悪い人の場合も，取得情報の単純主効果が5%水準で

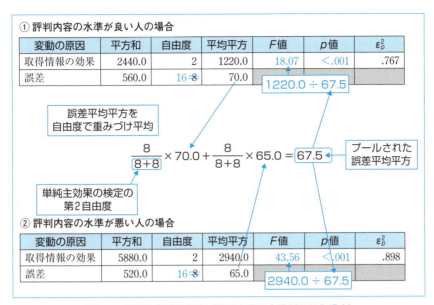

図7-9 単純主効果の検定（評判内容の水準別に行う場合）

有意です[*44]。

なお，実験参加者内2要因の場合，<u>単純主効果の検定をどちらの要因の水準別に行うかによって，プールされた誤差平均平方や誤差自由度の値が違うこと</u>に注意してください。

7.3.4 単純主効果に関する多重比較

有意な単純主効果があるときには，それについて多重比較を行います。検定統計量は図7-10 (a)を見てください。誤差平均平方および誤差自由度は，プールされた誤差項[*45]を用います。

評判内容の水準別に取得情報の単純主効果について，多重比較を行ってみましょう。図7-9より，誤差平均平方は67.5，誤差自由度は16です。たとえば，評判内容が良い人の場合，情報なしと評判打消後の間の q 統計量の値は，以下のとおりです。

$$q = \left| \frac{(56.0 - 54.0) - 0}{\sqrt{\frac{1}{2} \times \left(\frac{1}{5} + \frac{1}{5}\right) \times 67.5}} \right| = 0.544$$

[*44] 単純主効果の検定では，プールされた誤差項を使うと，自由度調整済み偏決定係数を計算できません。そのため，効果量は水準別誤差項を使って（つまり，ふつうの実験参加者内1要因分散分析のときの式で）計算しています。具体的には，誤差平均平方を67.5ではなく70.0や65.0とし，誤差自由度を8として，

$1 - \dfrac{誤差平均平方}{\dfrac{誤差平方和 + 級間平方和}{誤差自由度 + 級間自由度}}$ を計算しています。

[*45] 7.3.3にあるように，どちらの要因の水準別に単純主効果の検定を行うかによって，プールされた誤差項が違ってきます。

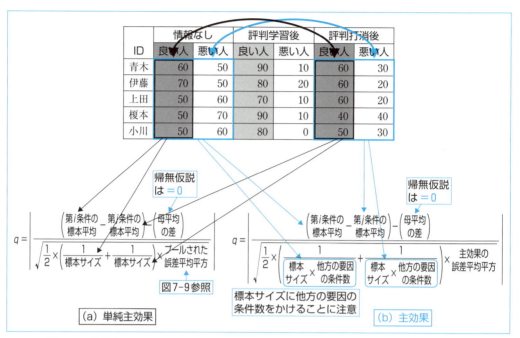

図7-10　単純主効果・主効果に関する多重比較の検定統計量（情報なしと評判打消後の比較）

多重比較の結果は表7-5のとおりです。評判内容が良い人の場合，情報なしと評判学習後，評判学習後と評判打消後の間に5％水準で有意な平均値差があります。評判内容が悪い人の場合，すべての組み合わせの間に5％水準で有意な平均値差があります。

表7-5　単純主効果に関する多重比較（評判内容の水準別に行う場合）

① 評判内容の水準が良い人の場合

取得情報の水準	情報なし	評判学習後	評判打消後
情報なし		$q_{3,16} = 7.076$ $p < .001$	$q_{3,16} = 0.544$ $p = .922$
評判学習後			$q_{3,16} = 7.621$ $p < .001$
評判打消後			

② 評判内容の水準が悪い人の場合

取得情報の水準	情報なし	評判学習後	評判打消後
情報なし		$q_{3,16} = 13.064$ $p < .001$	$q_{3,16} = 8.165$ $p < .001$
評判学習後			$q_{3,16} = 4.899$ $p = .008$
評判打消後			

この結果を解釈すると次のようになります。評判内容が良い人の場合，評判を学習した後に融資回数が増えますが，評判を打ち消すと融資回数が元どおりになります。評判内容が悪い人の場合，評判を学習した後に融資回数が減りますが，評判を打ち消すと融資回数が回復します。しかし元どおりまでには回復しません。

7.3.5　主効果に関する多重比較

交互作用効果が有意でなければ，主効果の有意性を調べます。さらに，主効果が有意な要因に水準が3つ以上ある場合には，多重比較を行います。

主効果の多重比較を行うときの検定統計量は，図7-10（b）を見てください。このとき，標本サイズに他方の要因の条件数をかけることに注意してください。なぜなら，たとえば情報なしの57.0という標本平均は，5人の実験参加者の「良い人」と「悪い人」に対する値，つまり10個の観測値を使って計算しているからです。たとえば，情報なしと評判打消後の間のq統計量の値は，以下のようになります。

$$q = \left| \frac{(57.0 - 41.0) - 0}{\sqrt{\frac{1}{2} \times \left(\frac{1}{5 \times 2} + \frac{1}{5 \times 2}\right) \times 20.0}} \right| = 11.314$$

多重比較の結果は，表7-6のとおりです。情報なしと評判学習後の間，および情報なしと評判打消後の間に，5％水準で有意な平均値差があります。

表7-6 主効果に関する多重比較

取得情報の水準	情報なし	評判学習後	評判打消後
情報なし		$q_{3,8} = 7.778$ $p < .001$	$q_{3,8} = 11.314$ $p = .001$
評判学習後			$q_{3,8} = 3.536$ $p = .085$
評判打消後			

7.3.6 レポートの書き方

実験参加者内2要因分散分析の結果は，たとえば以下のように報告します。

・・・・・実験参加者内2要因分散分析の結果の書き方・・・・・

　取得情報と評判内容が融資回数に及ぼす影響を調べるため，実験参加者内2要因分散分析を行った。その結果，取得情報と評判内容の交互作用が，5％水準で有意だった，$F(2, 8) = 30.35$, $p < .001$, $\varepsilon_p^2 = .854$。有意な交互作用があったため，評判内容の水準別に，取得情報の単純主効果の検定を行った。評判内容が良い人の場合，取得情報の単純主効果は5％水準で有意であり（$F(2, 16) = 18.07$, $p < .001$, $\varepsilon_p^2 = .767$），テューキーのHSD法による多重比較を行ったところ，情報なしと評判学習後の間，および評判学習後と評判打消後の間に，5％水準で有意な平均値差があった。評判内容が悪い人の場合も，取得情報の単純主効果は5％水準で有意であった（$F(2, 16) = 43.56$, $p < .001$, $\varepsilon_p^2 = .898$）。テューキーのHSD法による多重比較を行ったところ，すべての条件間に，5％水準で有意な平均値差があった。

7.4 まとめ

　この実験の結果から，良い評判は簡単に打ち消すことができるけれど，悪い評判は，たとえそれがデタラメだと言われても，残ってしまうであろうことがわかりました。人間はお互いに協力し合って生きていくために，裏切り者や不正をする人を敏感に見抜くように進化してきたといわれています。鈴木ら（2014）はさらに，評判が打ち消された後，脳でどのようなことが起きているのか調べています。

　悪い評判を打ち消すのは難しいので，悪い噂を立てられないように，ふだんから行いに気をつけることが必要です。それだけでなく，他人の悪口を言うと，それが間違った内容であっても悪い印象がずっと残ってしまいますので，悪口はできるだけ言わないほうがよいでしょう。

【文献】

Cook, T. D. & Campbell, D. T.（1979）. *Quasi-experimentation：design & analysis issures for field settings*. Boston：Houghton Mifflin.

清河幸子・山田歩・田中大介（2003）．類似性に基づく単純接触効果の般化の検討（1）．日本心理学会第67回大会発表論文集，625．

Suzuki, A., Honma, Y., & Suga, S.（2013）. Indelible distrust：Memory bias toward cheaters revealed as high persistence against extinction. *Journal of Experimental Psychology：Learning, Memory, and Cognition*, **39**, 1901-1913.

鈴木敦命・伊藤友一・木山幸子・國見充展・大平英樹・川口潤…中井敏晴（2014）．学習した評判の持続性の神経相関．日本心理学会第78回大会発表論文集，624．

Velten, E.（1968）. A laboratory task for induction of mood states. *Behavioral Research and Therapy*, **6**, 473-482.

渡邊伸行・鈴木竜太・吉田宏之・續木大介・番場あやの・Chandrasiri, N. P.…山田寛（2007）．顔情報データベース FIND ──日本人の顔面像データベース構築の試み．感情心理学研究，**14**，39-53．

山田冨美雄（2011）．感情の生理心理学的計測．廣中直行編著　心理学研究法3　学習・動機・情動．誠信書房　pp.223-255．

頭，耳，胴体，足，しっぽから構成される人工生物の絵を3種類作り「基準刺激」としました。さらに，耳，胴体，しっぽのいずれか1つを置き換えた「変化刺激」を作りました。作った刺激は全部で12種類（基準刺激3種類×変化4部位）です。実験参加者には，まず3種類の基準刺激のうち，1つを10回ずつ，別の1つを20回ずつ呈示しました。その後，12種類の刺激について好意度を尋ねました。

表1は，変化刺激の変化させた部位と，元となる基準刺激の呈示回数別に見た，各刺激の好意度です[*46]。このデータについて，以下の設問に答えてください。

表1：好意度の評定値（1：嫌い〜7：好き）

変化部位	基準刺激			しっぽ変化			耳変化			胴体変化		
基準呈示	0回	10回	20回	0回	10回	20回	0回	10回	20回	0回	10回	20回
加 藤	2	2	2	3	3	4	2	3	3	1	2	3
木 村	2	3	3	1	1	1	3	2	3	2	3	3
工 藤	2	4	3	2	3	3	3	3	3	2	3	3
剣 持	2	4	4	4	4	4	4	4	4	3	4	4
小 林	2	5	4	4	4	4	4	4	5	3	4	5
佐 藤	4	4	5	4	4	4	4	5	5	4	4	4
清 水	4	5	5	4	4	5	5	5	5	3	5	4
鈴 木	4	6	6	5	4	5	4	5	6	4	5	5
関	5	6	7	5	6	5	5	6	5	5	4	5
相 馬	4	6	6	5	6	6	6	7	6	5	6	6

問1：基準刺激から変化させた部位と基準刺激の呈示回数を実験参加者内要因とし，好意度を従属変数として，実験参加者内2要因分散分析を行いたいと思います。表2の分散分析表を完成させてください。自由度は整数で，平均平方とF値は四捨五入して小数第2位までで答えてください。

表2

変動の原因	平方和	自由度	平均平方	F値
個人差	151.00			
変化部位	4.20			
誤差（変化部位）	14.80			
呈示回数	15.20			
誤差（呈示回数）	2.80			
交互作用	4.80			
誤差（交互作用）	15.20			
全 体	208.00	119		

---

*46 清河ら（2003）を参考に作成した人工データです。

付　　　録

1. t分布表（有意水準5％の両側検定の臨界値）

2. F分布表（有意水準5％の片側検定の臨界値）

3. スチューデント化範囲分布表（有意水準5％の臨界値）

4. 各章のQuizの解答

1. t分布表（有意水準5％の両側検定の臨界値）

自由度	臨界値
1	12.706
2	4.303
3	3.182
4	2.776
5	2.571
6	2.447
7	2.365
8	2.306
9	2.262
10	2.228
11	2.201
12	2.179
13	2.160
14	2.145
15	2.131
16	2.120
17	2.110
18	2.101
19	2.093
20	2.086
21	2.080
22	2.074
23	2.069
24	2.064
25	2.060
26	2.056
27	2.052
28	2.048
29	2.045
30	2.042
31	2.040
32	2.037
33	2.035
34	2.032
35	2.030
36	2.028
37	2.026
38	2.024
39	2.023
40	2.021
60	2.000
100	1.984
150	1.976
∞	1.960

注：臨界値の算出には統計分析ソフトウェアSAS® Version 9.4のTINV関数を利用しています。

2. F分布表（有意水準5％の片側検定の臨界値）

第2自由度	第1自由度								
	1	2	3	4	5	6	7	8	9
1	161.448	199.500	215.707	224.583	230.162	233.986	236.768	238.883	240.543
2	18.513	19.000	19.164	19.247	19.296	19.330	19.353	19.371	19.385
3	10.128	9.552	9.277	9.117	9.013	8.941	8.887	8.845	8.812
4	7.709	6.944	6.591	6.388	6.256	6.163	6.094	6.041	5.999
5	6.608	5.786	5.409	5.192	5.050	4.950	4.876	4.818	4.772
6	5.987	5.143	4.757	4.534	4.387	4.284	4.207	4.147	4.099
7	5.591	4.737	4.347	4.120	3.972	3.866	3.787	3.726	3.677
8	5.318	4.459	4.066	3.838	3.687	3.581	3.500	3.438	3.388
9	5.117	4.256	3.863	3.633	3.482	3.374	3.293	3.230	3.179
10	4.965	4.103	3.708	3.478	3.326	3.217	3.135	3.072	3.020
11	4.844	3.982	3.587	3.357	3.204	3.095	3.012	2.948	2.896
12	4.747	3.885	3.490	3.259	3.106	2.996	2.913	2.849	2.796
13	4.667	3.806	3.411	3.179	3.025	2.915	2.832	2.767	2.714
14	4.600	3.739	3.344	3.112	2.958	2.848	2.764	2.699	2.646
15	4.543	3.682	3.287	3.056	2.901	2.790	2.707	2.641	2.588
16	4.494	3.634	3.239	3.007	2.852	2.741	2.657	2.591	2.538
17	4.451	3.592	3.197	2.965	2.810	2.699	2.614	2.548	2.494
18	4.414	3.555	3.160	2.928	2.773	2.661	2.577	2.510	2.456
19	4.381	3.522	3.127	2.895	2.740	2.628	2.544	2.477	2.423
20	4.351	3.493	3.098	2.866	2.711	2.599	2.514	2.447	2.393
21	4.325	3.467	3.072	2.840	2.685	2.573	2.488	2.420	2.366
22	4.301	3.443	3.049	2.817	2.661	2.549	2.464	2.397	2.342
23	4.279	3.422	3.028	2.796	2.640	2.528	2.442	2.375	2.320
24	4.260	3.403	3.009	2.776	2.621	2.508	2.423	2.355	2.300
25	4.242	3.385	2.991	2.759	2.603	2.490	2.405	2.337	2.282
26	4.225	3.369	2.975	2.743	2.587	2.474	2.388	2.321	2.265
27	4.210	3.354	2.960	2.728	2.572	2.459	2.373	2.305	2.250
28	4.196	3.340	2.947	2.714	2.558	2.445	2.359	2.291	2.236
29	4.183	3.328	2.934	2.701	2.545	2.432	2.346	2.278	2.223
30	4.171	3.316	2.922	2.690	2.534	2.421	2.334	2.266	2.211
31	4.160	3.305	2.911	2.679	2.523	2.409	2.323	2.255	2.199
32	4.149	3.295	2.901	2.668	2.512	2.399	2.313	2.244	2.189
33	4.139	3.285	2.892	2.659	2.503	2.389	2.303	2.235	2.179
34	4.130	3.276	2.883	2.650	2.494	2.380	2.294	2.225	2.170
35	4.121	3.267	2.874	2.641	2.485	2.372	2.285	2.217	2.161
36	4.113	3.259	2.866	2.634	2.477	2.364	2.277	2.209	2.153
37	4.105	3.252	2.859	2.626	2.470	2.356	2.270	2.201	2.145
38	4.098	3.245	2.852	2.619	2.463	2.349	2.262	2.194	2.138
39	4.091	3.238	2.845	2.612	2.456	2.342	2.255	2.187	2.131
40	4.085	3.232	2.839	2.606	2.449	2.336	2.249	2.180	2.124
60	4.001	3.150	2.758	2.525	2.368	2.254	2.167	2.097	2.040
100	3.936	3.087	2.696	2.463	2.305	2.191	2.103	2.032	1.975
150	3.904	3.056	2.665	2.432	2.274	2.160	2.071	2.001	1.943

注：臨界値の算出には統計分析ソフトウェアSAS® Version 9.4のFINV関数を利用しています。

3. スチューデント化範囲分布表（有意水準5％の臨界値）

自由度	条件数								
	2	3	4	5	6	7	8	9	10
1	17.972	26.976	32.825	37.086	40.412	43.119	45.397	47.364	49.075
2	6.085	8.331	9.799	10.882	11.734	12.435	13.027	13.540	13.989
3	4.501	5.910	6.825	7.502	8.037	8.478	8.852	9.177	9.462
4	3.926	5.040	5.757	6.287	6.706	7.053	7.346	7.602	7.826
5	3.635	4.602	5.218	5.673	6.033	6.330	6.582	6.801	6.995
6	3.460	4.339	4.896	5.305	5.628	5.895	6.122	6.319	6.493
7	3.344	4.165	4.681	5.060	5.359	5.606	5.815	5.997	6.158
8	3.261	4.041	4.529	4.886	5.167	5.399	5.596	5.767	5.918
9	3.199	3.948	4.415	4.755	5.023	5.244	5.432	5.595	5.738
10	3.151	3.877	4.327	4.654	4.912	5.124	5.304	5.460	5.598
11	3.113	3.820	4.256	4.574	4.823	5.028	5.202	5.353	5.486
12	3.081	3.773	4.199	4.508	4.750	4.949	5.119	5.265	5.395
13	3.055	3.734	4.151	4.453	4.690	4.884	5.049	5.192	5.318
14	3.033	3.701	4.110	4.406	4.638	4.829	4.990	5.130	5.253
15	3.014	3.673	4.076	4.367	4.595	4.782	4.940	5.077	5.198
16	2.998	3.649	4.046	4.333	4.557	4.741	4.896	5.031	5.150
17	2.984	3.628	4.020	4.303	4.524	4.705	4.858	4.991	5.108
18	2.971	3.609	3.997	4.276	4.494	4.673	4.824	4.955	5.070
19	2.960	3.593	3.977	4.253	4.468	4.645	4.794	4.924	5.037
20	2.950	3.578	3.958	4.232	4.445	4.620	4.767	4.895	5.008
21	2.941	3.565	3.942	4.213	4.424	4.597	4.743	4.870	4.981
22	2.933	3.553	3.927	4.196	4.405	4.577	4.722	4.847	4.957
23	2.926	3.542	3.913	4.180	4.388	4.558	4.702	4.826	4.935
24	2.919	3.532	3.901	4.166	4.373	4.541	4.684	4.807	4.915
25	2.913	3.523	3.890	4.153	4.358	4.526	4.667	4.789	4.897
26	2.907	3.514	3.880	4.141	4.345	4.511	4.652	4.773	4.880
27	2.902	3.506	3.870	4.130	4.333	4.498	4.638	4.758	4.864
28	2.897	3.499	3.861	4.120	4.322	4.486	4.625	4.745	4.850
29	2.892	3.493	3.853	4.111	4.311	4.475	4.613	4.732	4.837
30	2.888	3.486	3.845	4.102	4.301	4.464	4.601	4.720	4.824
31	2.884	3.481	3.838	4.094	4.292	4.454	4.591	4.709	4.812
32	2.881	3.475	3.832	4.086	4.284	4.445	4.581	4.698	4.802
33	2.877	3.470	3.825	4.079	4.276	4.436	4.572	4.689	4.791
34	2.874	3.465	3.820	4.072	4.268	4.428	4.563	4.680	4.782
35	2.871	3.461	3.814	4.066	4.261	4.421	4.555	4.671	4.773
36	2.868	3.457	3.809	4.060	4.255	4.414	4.547	4.663	4.764
37	2.865	3.453	3.804	4.054	4.249	4.407	4.540	4.655	4.756
38	2.863	3.449	3.799	4.049	4.243	4.400	4.533	4.648	4.749
39	2.860	3.445	3.795	4.044	4.237	4.394	4.527	4.641	4.741
40	2.858	3.442	3.791	4.039	4.232	4.388	4.521	4.634	4.735
60	2.829	3.399	3.737	3.977	4.163	4.314	4.441	4.550	4.646
100	2.806	3.365	3.695	3.929	4.109	4.256	4.378	4.484	4.577
150	2.794	3.348	3.674	3.905	4.083	4.227	4.347	4.451	4.542
∞	2.772	3.314	3.633	3.858	4.030	4.170	4.286	4.387	4.474

注：臨界値の算出には統計分析ソフトウェアSAS® Version 9.4のPROBMC関数を利用しています。

4. 各章のQuizの解答

第1章：Answer

問1.

表

参加者ID	四角形	漢字	差
阿　部	60	90	30
馬　場	50	120	70
千　葉	60	90	30
土　井	70	100	30

問2. $t(3) = 4.0$
問3. 下限：8.2，上限：71.8
問4. 2.0

第2章：Answer

問1. $t(14) = 5.0$
問2. 2.5

第3章：Answer

問1.

表2

変動の原因	平方和	自由度	平均平方	F値
処　遇	312.00	2	156.00	13.00
誤　差	72.00	6	12.00	
全　体	384.00	8		

問2. $F(2, 6) = 13.00$

第4章：Answer

問1.

表2

変動の原因	平方和	自由度	平均平方	F値
読んだ感情	32.00	2	16.00	16.00
個人差	6.00	3		
誤　差	6.00	6	1.00	
全　体	44.00	11		

問2. $F(2, 6) = 16.00$

第5章：Answer

問1.

表3

変動の原因	平方和	自由度	平均平方	F値
旋　律	16.00	1	16.00	16.00
歌　詞	4.00	1	4.00	4.00
交互作用	1.00	1	1.00	1.00
誤　差	12.00	12	1.00	
全　体	33.00	15		

問2. 交互作用効果：$F(1, 12) = 1.00$
旋律の主効果：$F(1, 12) = 16.00$
歌詞の主効果：$F(1, 12) = 4.00$

第6章：Answer

問1.

表2

変動の原因	平方和	自由度	平均平方	F値
属　性	2.16	2	1.08	3.00
個人差	3.24	9	0.36	
測定時期	28.08	2	14.04	52.00
交互作用	18.72	4	4.68	17.33
個人内誤差	4.86	18	0.27	
全　体	57.06	35		

問2. 交互作用効果：$F(4, 18) = 17.33$
属性の主効果：$F(2, 9) = 3.00$
測定時期の主効果：$F(2, 18) = 52.00$

第7章：Answer

問1.

表2

変動の原因	平方和	自由度	平均平方	F値
個人差	151.00	9		
変化部位	4.20	3	1.40	2.55
誤差（変化部位）	14.80	27	0.55	
呈示回数	15.20	2	7.60	48.86
誤差（呈示回数）	2.80	18	0.16	
交互作用	4.80	6	0.80	2.84
誤差（交互作用）	15.20	54	0.28	
全　体	208.00	119		

※呈示回数の主効果のF値を$7.6 \div 0.16 = 47.50$，交互作用のF値を$0.8 \div 0.28 = 2.86$としても可。

索　引

ア　行

イプシロン2乗　*36*
入れ子　*85*
インフォームド・コンセント　*61*
ウェルチの検定　*23*
ヴェルテン気分誘導法　*102*
エピソード説　*57*
オペラント条件づけ　*26*

カ　行

外的妥当性　*106*
海馬　*80*
学習　*26*
片側検定　*8*
カバーストーリー　*61*
感覚　*43*
感情　*102*
干渉変数　*17*
完全無作為化法　*30*
完全無作為化要因計画　*63*
記憶　*14*
　　──の二重貯蔵モデル　*14*
棄却　*7*
　　──域　*8*
帰無仮説　*8*
記銘　*14*
級間自由度　*34, 50, 66, 90, 113*
級間平均平方　*33, 50, 66, 90, 113*
級間平方和　*32, 48, 65, 88, 111*
級内自由度　*34*
級内平均平方　*34*
級内平方和　*33*
球面性　*48*
強化　*27*
　　──子　*27*
虚偽教示　*61*
極限法　*46*
系列位置曲線　*24*
結果の知識　*27*
検索　*14*
嫌子　*27*
検定統計量　*8*

効果量　*11, 21, 35, 51, 68, 91, 114*
交互作用　*62, 72*
　　──効果　*62*
交差　*85*
好子　*27*
恒常化　*17*
恒常法　*46*
構成概念妥当性　*106*
行動療法　*80*
交絡　*17*
　　──変数　*17*
誤差　*31*
　　──自由度　*34, 50, 66, 90, 113*
　　──平均平方　*33, 50, 66, 90, 113, 115*
　　──平方和　*32, 50, 66, 89, 112*
個人差　*31, 47*
固定効果模型　*84*
固定効果要因　*47, 48*
古典的条件づけ　*26*
混合計画　*84*
　　──2要因分散分析　*85*
混合モデル　*84*

サ　行

再生　*57*
　　──の2段階説　*57*
再認　*57*
錯視　*1*
残差自由度　*34*
残差平均平方　*34*
残差平方和　*33*
刺激閾　*46*
刺激頂　*46*
事後説明　*61*
実験群　*15*
実験参加者　*18*
　　──間1要因分散分析　*30*
　　──間2要因分散分析　*63*
　　──間計画　*18*
　　──間要因　*29*
　　──内1要因分散分析　*47*
　　──内2要因分散分析　*107*

――内計画　18
――内要因　29
シナプス　80, 81
弱化　27
従属変数　16
自由度　5, 7, 23, 34, 50, 66, 90, 113
　　――調整済み決定係数　35, 37
　　――調整済み偏決定係数　51, 68, 91, 114
主観的等価点　2, 46
熟知価　58
主効果　62, 72
受容域　8
準実験　29
条件刺激　26
条件反応　26
情緒　102
情動　102
剰余変数　17, 28, 106
初頭効果　24
新近性効果　24
神経細胞　80
信頼区間　9, 20, 39, 54
信頼水準　9
心理物理学　46
　　――的測定法　43
水準　29
　　――別誤差項　72
スチューデント化範囲分布　37
　　――表　126
スピアマン式触覚計　44
正規分布　4
精神物理学　46
生態学的妥当性　106
絶対閾　46
説明と同意　61
想起　14

夕 行

対応のあるt検定　6
対応のないt検定　19
タイプⅠ平方和　76
タイプⅡ平方和　76
タイプⅢ平方和　76
多重比較　37, 52, 74, 75, 95, 98, 117, 118
妥当性　105
短期記憶　14
単純効果　71
単純交互作用効果　71
単純主効果　71, 74, 93, 95, 116, 117

知覚　1
長期記憶　14
長期増強　80
調整法　46
丁度可知差違　46
貯蔵　14
ディセプション　61
デブリーフィング　61
テューキーのHSD法　37, 52, 74, 75, 95, 98, 117, 118
統計的結論妥当性　106
統制群　15
統制条件　3
動物実験　82
等分散性の検定　23
独立変数　16

ナ 行

内的妥当性　106
二次変数　17
二重盲検法　83
二点閾　43, 45
　　触――　43
認知心理学　57
ネスト　85

ハ 行

罰　27
　　――子　27
バランス化　17
反復測定　47
ピグマリオン効果　83, 84
被験者　18
　　――間計画　18
　　――内計画　18
評価　102
標準化　6
標準化平均値差　11
　　標本――　11, 21
標準誤差　6
標本　4
　　――平均　5, 18
　　――標準化平均値差　11, 21
符号化　14
不偏分散　5
プールされた誤差項　73, 93, 94, 116
分割区画要因計画　85
分散分析　29, 30, 48, 63, 86, 107
　　――表　36, 37, 53, 67, 91, 114

平均平方　　33, 50, 66, 72, 90, 93, 113, 116
偏イプシロン2乗　　51
弁別閾　　46
変量効果模型　　84
変量効果要因　　47, 48
変量モデル　　84
保持　　7, 9, 14
母集団　　4
母数モデル　　84
ホーソン効果　　83, 84
母分散　　4, 23
母平均　　4

マ 行

三つのR　　83
ミュラー・リヤー錯視　　1, 2
無作為化　　17
無作為配置　　28
無作為配分　　28
無作為割り当て　　17, 28
無作為割り付け　　28
無条件刺激　　26
無条件反応　　26
無連想価　　58
盲検法　　83
モリス水迷路課題　　82

ヤ 行

有意水準　　8
有意味度　　15
要因　　16, 29

ラ 行

乱塊法　　29, 47
乱塊要因計画　　107
リハーサル　　14
両側検定　　8
臨界値　　8
倫理的配慮　　60, 83

アルファベット＆ギリシャ文字

ANOVA　　29
CR　　30
CRF　　63
d　　22
d_D　　11
F統計量　　34, 50, 66, 90, 113,
F分布　　34
　——表　　125
JND　　46
LTP　　80
p値　　8
PSE　　2, 46
q　　38
RB　　47
RBF　　107
SPF　　85
t値　　8
t統計量　　8, 19
t分布　　7
　——表　　124
ε^2　　36
ε_p^2　　51, 68, 92, 114

著者紹介

荘島宏二郎（しょうじま　こうじろう）

【シリーズ編者・第2著者：写真左】
1976年生まれ。
早稲田大学大学院文学研究科博士課程単位取得退学。現在，大学入試センター研究開発部教授，博士（工学）
専門：心理統計学，多変量解析，教育工学
主著書：『学力：いま，そしてこれから』（共著）ミネルヴァ書房 2006 年，『学習評価の新潮流』（共著）朝倉書店 2010 年

読者の皆さんへ：

　娘にお菓子を買うと，ごくたまーに「パパすき」とつぶやく。何よりのごほうびである。
　学生時代，校舎裏にラット小屋があった。中では大量のラットが飼育されていた。薄暗く，うすら寒かったが，私はその雰囲気を好ましく思っていた。
　実験が好きだった。ケージは，ラットにとって世界そのもの。世界をコントロールしている感覚に酔った。
　ラットをスキナー箱に入れて，設置してあるレバーを押すよう学習させたい。そのとき，レバーを押すたびにいちいちエサ（報酬）をあげてはいけない。報酬をあげすぎるとがんばらないのだ。報酬はたまーに，そしてランダムにあげるのがよい。ラットはいつしか猛烈にレバーを押すようになる。これを部分強化という。
　いま，私は，保育園の帰りに毎日コンビニでお菓子を買うようになっている。そう，娘は私を部分強化している。ケージの中にいるのは今や私だ。しかし，ずっといていいと思うんだ。

橋本貴充（はしもと　たかみつ）

【第1著者：写真右】
1975年生まれ。
電気通信大学大学院情報システム学研究科博士後期課程修了。現在，大学入試センター研究開発部准教授，博士（工学）
専門：教育工学，心理統計学，ベイズ統計学
主分担著書：『心理統計学』培風館 2008 年，『教育工学における学習評価』ミネルヴァ書房 2012 年，『最新 心理学事典』平凡社 2013 年，『誠信 心理学辞典［新版］』誠信書房 2014 年，『心理学検定 公式問題集［2016 年度版］』実務教育出版 2016 年

読者の皆さんへ：

　難しい話ばかりでごめんなさい。でも，多くの先輩たちがそうであったように，ふつうに頑張っていればふつうに卒業できます。今も十分頑張っている皆さん，最後まであきらめないでください。
　なお，僕の専門はベイズ統計学ですが，本書はベイズの本ではありません。

心理学のための統計学 2

実験心理学のための統計学
——t 検定と分散分析

2016 年 7 月 10 日　第 1 刷発行
2023 年 4 月 15 日　第 4 刷発行

著　者　　橋　本　貴　充
　　　　　荘　島　宏二郎
発行者　　柴　田　敏　樹
印刷者　　日　岐　浩　和
発行所　　株式会社　誠　信　書　房
　　　　　〒112-0012　東京都文京区大塚 3-20-6
　　　　　　　　　　電話　03 (3946) 5666
　　　　　　　　　　https://www.seishinshobo.co.jp/

Ⓒ Taka-Mitsu Hashimoto, Kojiro Shojima, 2016
印刷所／中央印刷　製本所／協栄製本
検印省略　落丁・乱丁本はお取り替えいたします
ISBN 978-4-414-30188-5　C3311　Printed in Japan

JCOPY　＜(社)出版者著作権管理機構　委託出版物＞
本書の無断複写は著作権法上での例外を除き禁じられています。
複写される場合は，そのつど事前に，(社)出版者著作権管理機構
(電話 03-5244-5088, FAX 03-5244-5089, e-mail : info@jcopy.or.jp)
の許諾を得てください。

心理学のための統計学シリーズ

荘島宏二郎 編

- 統計の基礎から応用までをおさえた，全9巻シリーズついに登場！
- 個別の心理学分野に合わせ，優先度の高い統計手法を取り上げて解説。
- 本文は，視覚的にもわかりやすい2色刷り。
- 各巻の各章は，90分の講義で説明できる内容にて構成。文系の学生を意識し，数式の多用を極力抑え，豊富な図表でわかりやすく説明した，心理学を学ぶ人に必須の統計テキストシリーズ。

各巻 B5 判約 140-160 頁

1 心理学のための統計学入門：ココロのデータ分析（川端一光・荘島宏二郎著）2100 円

2 実験心理学のための統計学：t 検定と分散分析（橋本貴充・荘島宏二郎著）2600 円

3 社会心理学のための統計学：心理尺度の構成と分析（清水裕士・荘島宏二郎著）2800 円

4 教育心理学のための統計学：テストでココロをはかる（熊谷龍一・荘島宏二郎著）2600 円

5 臨床心理学のための統計学：心理臨床のデータ分析（佐藤寛・荘島宏二郎著）

6 パーソナリティ心理学のための統計学：構造方程式モデリング（尾崎幸謙・荘島宏二郎著）2600 円

7 発達心理学のための統計学：縦断データの分析（宇佐美慧・荘島宏二郎著）2600 円

8 消費者心理学のための統計学：市場調査と新商品開発（齋藤朗宏・荘島宏二郎著）2800 円

9 犯罪心理学のための統計学：犯人のココロをさぐる（松田いづみ・荘島宏二郎著）2600 円

価格は税別